MARCO POLO

SÜDENGLAND

Reisen mit Insider Tipps

> Das Beste an Südengland ist seine abwechslungsreiche Natur. Ich liebe die Küste von Kent oder Cornwall. Und den einzigartigen Kontrast zwischen den lieblichen, grünen Hügeln und Tälern in Sussex oder Surrey und der rauen Landschaft im Dartmoor und Exmoor.
> *MARCO POLO Korrespondent*
> *John Sykes*
> (siehe S. 127)

W0041336

Spezielle News, Lesermeinungen und Angebote zu Südengland:
www.marcopolo.de/suedengland

SÜDENGLAND

> SYMBOLE

 **MARCO POLO INSIDER-TIPPS**
Von unseren Autoren für Sie entdeckt

 MARCO POLO HIGHLIGHTS
Alles, was Sie in Südengland kennen sollten

☀ **SCHÖNE AUSSICHT**

📶 **WLAN-HOTSPOT**

▶▶ **HIER TRIFFT SICH DIE SZENE**

> PREISKATEGORIEN

HOTELS
€€€ über 150 Euro
€€ 100–150 Euro
€ unter 100 Euro
Die Preise gelten für ein Doppelzimmer mit Frühstück

RESTAURANTS
€€€ über 30 Euro
€€ 20–30 Euro
€ unter 20 Euro
Die Preise gelten für ein Hauptgericht mit Dessert, Getränk nicht inbegriffen

> KARTEN

[116 A1] Seitenzahlen und Koordinaten für den Reiseatlas Südengland

[0] außerhalb des Kartenausschnitts

Karten zu Bath, Brighton und Canterbury finden Sie im hinteren Umschlag
Zu Ihrer Orientierung sind auch die Orte mit Koordinaten versehen, die nicht im Reiseatlas eingetragen sind

🟥 **DIE BESTEN MARCO POLO INSIDER-TIPPS** .... **UMSCHLAG**

🟧 **DIE BESTEN MARCO POLO HIGHLIGHTS** 4

🟦 **AUFTAKT** 6

🟦 **SZENE** 12

🟦 **STICHWORTE** 16
🟦 **EVENTS, FESTE & MEHR** 22
🟦 **ESSEN & TRINKEN** 24
🟦 **EINKAUFEN** 28

🟥 **DER SÜDOSTEN** 30
🟩 **DER SÜDEN** 46
🟪 **DER WESTEN** 60
🟩 **DER SÜDWESTEN** 76

INHALT

> SZENE

S. 12–15: Trends, Entdeckungen, Hotspots! Was wann wo in Südengland los ist, verrät der MARCO POLO Szeneautor vor Ort

> 24 STUNDEN

S. 94/95: Action pur und einmalige Erlebnisse in 24 Stunden! MARCO POLO hat für Sie einen außergewöhnlichen Tag in Brighton zusammengestellt

> LOW BUDGET

Viel erleben für wenig Geld! Wo Sie zu kleinen Preisen etwas Besonderes genießen und tolle Schnäppchen machen können:

Rabatt auf Herrenhäuser und Gärten S. 38 | Umsonst ins Konzert – Kathedrale inklusive S. 58 | Günstige Gourmetgerichte to go S. 72 | 5-Sterne-Komfort zum Herbergstarif S. 89

> GUT ZU WISSEN

Was war wann? S. 10 | Englische Spezialitäten S. 26 | Downs & Moors S. 40 | Blogs & Podcasts S. 44 | Bücher & Filme S. 54 | The Queen of Crime S. 69 | Mythisches Cornwall S. 82 | Die Namen in Cornwall S. 85

AUF DEM TITEL
Coasteering: Klippenspringer zeigen ihre Kunst S. 13 Austernhauptstadt Whitestable S. 40

■ **AUSFLÜGE & TOUREN** **90**
■ **24 STUNDEN IN BRIGHTON** **94**
■ **SPORT & AKTIVITÄTEN** **96**
■ **MIT KINDERN REISEN** **100**

■ **PRAKTISCHE HINWEISE** **104**
■ **SPRACHFÜHRER** **110**

■ **REISEATLAS SÜDENGLAND** **114**
■ **KARTENLEGENDE REISEATLAS** **122**

■ **REGISTER** **124**
■ **IMPRESSUM** **125**
■ **UNSER KORRESPONDENT** **127**

■ **BLOSS NICHT!** **128**

ENTDECKEN SIE SÜDENGLAND!

Unsere Top 15 führen Sie an die traumhaftesten Orte und zu den spannendsten Sehenswürdigkeiten

Die Highlights sind in der Karte auf dem hinteren Umschlag eingetragen

 Derby in Epsom
Der Graf von Derby hat das Pferderennen einst ins Leben gerufen. Und es hat nichts von seiner Bedeutung verloren: Bis heute zählt das Epsom-Derby zu den wichtigsten Rennen weltweit (Seite 23)

 Glastonbury Festival
Jeden Sommer wird ein erstklassiges Musikfestival nahe der keltischen Kultstätte und heutigen Hippiehochburg Glastonbury veranstaltet (Seite 23)

 Canterbury Cathedral
Um dieses Bauwerk ranken sich Legenden: Die Kathedrale ist das Zentrum der Anglikaner, das Herz der Stadt und der Schauplatz einer blutigen Geschichte (Seite 37)

 Rye
Ein Ausflug ins Mittelalter auf kopfsteingepflasterten Gassen entlang bezaubernder Fachwerkhäuser (Seite 38)

 Hever Castle
An Romantik kaum zu übertreffen: Hier begann die tragische Liebesgeschichte zwischen Anne Boleyn und Heinrich VIII. (Seite 42)

 New Forest
Wilde Pferde leben in dem bewaldeten Nationalpark direkt am Meer (Seite 49)

 Petworth House
Der prachtvolle Herrensitz mit seinem ausgedehnten Park war ein häufiges Motiv des Malers William Turner (Seite 51)

> DIE BESTEN MARCO POLO HIGHLIGHTS

8 Stonehenge
Der berühmteste Steinkreis der Welt ist Pilgerstätte und Anlass für viele Spekulationen (Seite 56)

9 Winchester College
Zurück in die Zukunft: Das garantiert die älteste, berühmteste und erfolgreichste Privatschule des Landes (Seite 59)

10 Bath
Bereits die Römer ließen es sich hier gut gehen. Heute ist es die einzige Stadt im Land, die zum Unesco-Welterbe gehört (Seite 60)

11 Kathedrale von Wells
Kleine Stadt mit großartiger Kathedrale und ältester erhaltener Reihenhausanlage Europas (Seite 72)

12 Tintagel
Die Burg an den steilen Klippen über tosender Brandung ist ein Ort voller Poesie und der Sage nach König Artus' Geburtsstätte (Seite 81)

13 Isles of Scilly
Blumen im Winter und Treffpunkt der Vögel aus Ost und West (Seite 83)

14 St. Ives
Vom Sardinenfischernest zur Künstlerkolonie – diesen Sprung hat die Stadt geschafft, ohne ihren Charme zu verlieren (Seite 85)

15 Eden Project
Bei St. Austell gedeiht unter gigantischen Kunststoffwaben ein neuer Garten Eden (Seite 88)

WAS FÜR EINE REGION!

Leeds Castle in Kent

> Eine Reise nach Südengland bietet Bekanntes und Überraschendes. Wer vertraute Bilder wie felsige Küsten, in grüne Hügel eingebettete Herrensitze und hübsche Dörfer mit urigen Pubs erwartet, wird nicht enttäuscht. Doch zeigt Südengland mit unerwartet guter Küche, Abenteuersportangeboten und quirligem Nachtleben auch seine modernen Seiten. Badeorte wie Bournemouth werden schick, die junge, unkonventionelle Szene in Brighton und Newquay ergänzt das historische Erbe von Stonehenge, Canterbury und Bath. Und auf Küstenwanderwegen und in wilden Moorlandschaften kommen Naturfreunde nach wie vor auf ihre Kosten.

> Das Beste an diesem Landstrich ist die wunderbare Natur. Das Geld des gesamten Empire und die Kunst der Gärtner haben in Jahrhunderten die Landschaft auf das Perfekteste geformt. Gestört wurde dieser Gestaltungsdrang kaum, hat doch das Land zum letzten Mal 1066 eine Invasion erlebt, und die industrielle Revolution, die ja immerhin von der Insel ausging, hat hier eigentlich nicht stattgefunden.

Auf die Natur hat sich das gut ausgewirkt. Ohne Übertreibung kann man deshalb sagen, dass Südengland eine der vollendetsten gewachsenen Landschaften Europas ist. Und das trifft ausnahmslos auf alle Grafschaften des Südens zu.

In Kent begeistern die weißen Steilküsten, prachtvolle Parkanlagen und herrliche Obstbaumhaine die Besucher. Auch Sussex und Surrey sind ein einziger Garten voller Bauernhöfe und Schafe, so schön, dass inzwischen viele Londoner ihren Wohnsitz in die Grafschaften südlich und westlich der Hauptstadt verlegt haben. Prominente zieht es schon seit langem in dieses Idyll. Paul McCartney zählt ebenso zu ihnen wie Eric Clapton und Madonna.

Doch auch die sanft geschwungenen Hügel und die üppigen Wiesen in Dorset, die dramatische Klippenlandschaft in Devon, die verschwiegenen Buchten und Strände in Cornwall begeistern immer wieder aufs

> **Das milde Klima lässt Palmen und Weinstöcke wachsen**

Neue. Begeisterung auch deshalb, weil so vieles in Südengland unerwartet und daher das Erstaunen umso größer ist. Wer stellt sich schon vor, dass dort Palmen wachsen und im Dezember das Wetter auf den vor Cornwall gelegenen Scilly-Inseln so warm ist, dass zu dieser Jahreszeit die Narzissen für den Export auf den

Südengland wie aus dem Bilderbuch: reetgedeckte Cottages und Kletterrosen in Brighstone

Kontinent geerntet werden? Auch gibt es wider alles Erwarten Weinplantagen, die größte in der Nähe von Dorking. Die Rebsorten sind vor allem deutschen Ursprungs: Bacchus, Müller-Thurgau, Schönburger, aber es gibt auch französische wie Chardonnay und Pinot Noir.

Nicht zuletzt das Wetter versetzt die Besucher Südenglands immer wieder in Erstaunen. Im Winter sinken die Temperaturen ganz selten einmal unter den Nullpunkt. Bereits im März ist es für gewöhnlich so warm, dass Krokusse und Tulpenbäume in voller Blüte stehen. Und laut Statistik ist die jährliche Niederschlagsmenge in Mailand höher als in London.

Unmittelbar hinter der Natur rangiert das Stichwort Tradition. Zu sehen und mitzuerleben, wie das Inselvolk zwischen Kent und Cornwall seine Rituale pflegt, macht Riesenspaß.

Dabei bedarf es durchaus nicht eines dicken Bankkontos, um das Lebensgefühl der Einheimischen mitzuerleben. Es geht auch ganz ohne Geld: beim Kricketspiel, das überall am Sonntagnachmittag auf den Dorfwiesen Südenglands gespielt wird, beim Polo in Ham (Surrey), wo in den Pausen die Zuschauer mit dem Sektglas in der Hand auf das Spielfeld gehen und die von den Pferdehufen aufgewühlten Grasnarben flach treten, oder beim Grasbowling, wo ältere Damen und Herren, traditionell in Weiß und Grau gekleidet, mit viel Spaß eine ruhige Kugel schieben.

> Die Engländer und ihre Traditionen

Traditionen und Geschichte gehören eng zusammen. Das ist ein weiterer Punkt, der Südengland so attraktiv macht. Geschichte ist hier nicht weit entfernte Vergangenheit, sondern reicht direkt in die Gegenwart hinein. Immer wieder bestätigen Besucher, dass zum Beispiel die Besichtigung von Windsor Castle ein ganz besonderes Gefühl vermittelt, das man woanders kaum erleben kann. Hat hier doch nicht etwa in längst vergangener Zeit einmal eine Königin residiert. Nein, die Queen verbringt hier nach wie vor ihre Zeit. Schloss Windsor ist der Ort, wo sich die königliche Familie am Wochenende trifft.

Ein ähnliches Gefühl, nur noch viel unmittelbarer, überkommt die Besucher der südenglischen Landhäuser, denn dort haben sie tatsächlich eine

WAS WAR WANN?

43–61 n. Chr. Römer erobern Britannien

Um 500 Die Sagen um König Artus gehen auf die Kämpfe der romano-keltischen Bevölkerung gegen Angeln und Sachsen zurück

1066 In der Schlacht von Hastings besiegt Wilhelm der Eroberer den angelsächsischen König Harold II. und wird erster normannischer Herrscher Englands

1534 Heinrich VIII. gründet die anglikanische Staatskirche

1649–1660 Nach der Enthauptung König Karls I. wird England unter Oliver Cromwell zum einzigen Mal in seiner Geschichte Republik

1714 Der Kurfürst von Hannover wird als Georg I. König. Der Seehandel blüht, England wird führende Kolonialmacht

Ab 1760 England wird zur führenden Industrienation

1837–1901 Während der Regierung Königin Victorias steht das britische Empire auf dem Höhepunkt seiner Macht

1994 Der Ärmelkanaltunnel wird eröffnet. Er verbindet Insel und Kontinent

2002 50. Jahrestag der Herrschaft von Elizabeth II. Die Monarchie überwindet ihren Tiefpunkt nach der Scheidung von Charles und Diana und dem Tod der Prinzessin.

2007 Nach 10 Jahren tritt Tony Blair als Premierminister ab. Umstritten: seine Beteiligung am Irak-Krieg. Der wirtschaftliche Erfolg dieser Jahre wird eher seinem Schatzkanzler und Nachfolger, Gordon Brown, zugeschrieben.

Chance, die Lords samt Nachfahren zu treffen: in Knole Palace, dem größten Privathaus Englands, in Petworth House auf den Ländereien des Herzogs von Norfolk oder in St. Michael's Mount in Cornwall.

Südengland setzt dem Unternehmungsgeist seiner Gäste keine Grenzen. Was immer ihre Interessen sein mögen – hier können sie ihnen nachgehen: Sport, Literatur, Autos, Biertrinken, Vogelbeobachtung, Kinofilme …

Es gibt vortreffliche Wandermöglichkeiten entlang der Küste von Cornwall, Devon und Sussex. Im Süden Somersets warten 150 km Fahrradwege auf aktive Urlauber. Buchstäblich überall gibt es eine hervorragende Auswahl von Golfplätzen. Auch für Pferdefans – egal, ob Trekking, Spazier- oder Pfadreiten – ist der Süden Englands ein ideales Gebiet. Wer seine Sportleidenschaft indes lieber im feuchten Element austobt, wird gleichfalls kaum eine bessere Region in Großbritannien finden. Entlang der Nordküste von Cornwall und Devon können Boogie Boarders und unersättliche Surfer nach Herzenslust auf atlantischen Brechern reiten. Auch für Segler und Rennbootenthusiasten herrschen an der englischen Südküste ideale Bedingungen. Wer es hingegen etwas ruhiger mag, kann sich beim Süßwasserangeln oder beim Forellenfischen in Bude oder Penryn erholen.

Was aber macht Südengland für Literaturfreunde so anziehend? Eine Liste der Schriftsteller von Weltruf, die in diesem Landstrich gelebt haben, beantwortet die Frage schon von selbst.

› Sie hängen am Alten und schauen dennoch nach vorn

Sie beginnt mit Jane Austen, geht weiter mit John le Carré und Agatha Christie und führt über Charles Di-

Pfund wurden für das Anlegen neuer Fahrradwege bereitgestellt. In Bath wurden die historischen Badeanlagen rekonstruiert und ein neues Bad errichtet.

Die südenglischen Pubs mit ihrem Charme und ihrem Komfort, mit deftigem, ortstypischem Essen und einer

Ferienbeschäftigung mit langer Tradition: Bummeln auf den Promenaden der Seebäder

ckens, Arthur Conan Doyle und Daphne du Maurier bis zu Rosamunde Pilcher und Virginia Woolf.

So sehr die Leute im Süden Englands am Alten hängen und zurückblicken – sie schauen auch vorwärts. Anlässlich des neuen Millenniums wurden zahlreiche Vorhaben angegangen, die Südenglands Besuchern zugute kommen werden. Hunderte Millionen

großen Auswahl Bier – das trotz des Siegeszuges des Dezimalsystems weiterhin in Pints gemessen wird, da, so ein Stammgast, ein Pint genau jene Menge Bier sei, bei deren Genuss man sich in Ruhe überlegen könne, ob es noch ein weiteres Pint sein dürfe – sind eindeutig die gemütlichsten des gesamten Inselreichs und für sich genommen schon Grund genug, diesen Landstrich zu besuchen.

▶▶ TREND GUIDE SÜDENGLAND

Die heißesten Entdeckungen und Hotspots! Unser Szene-Scout zeigt Ihnen, was angesagt ist

Phil Moss

Der Web-Designer ist in der Szene zu Hause. Immer auf der Suche nach den neuesten Trends probiert der Abenteuerfan so ziemlich alles aus, was Südengland zu bieten hat: vom Klippenspringen bis hin zum Krimidinner. Seine Leidenschaft jedoch gehört dem Rock, deswegen ist er im Sommer auf den Festivals der Region anzutreffen. Inspiriert davon, versucht er sich ab und an als Livemusiker.

▶▶ ROCK THE SOUTH

Hier spielt die Musik!

Der Brit-Rock erlebt ein Revival und die Livelocations von *Oasis*, *The Kinks* und *The Who* erwachen nach Jahren der Ruhe zu neuem Leben. Manchmal lassen sich sogar ein paar alte Meister wieder auf deren Bühnen blicken! Beim legendären *Isle Of Wight Festival* spielten früher Joan Baez und Jimi Hendrix, heute treten einmal im Jahr aktuelle Stars wie *The Kaiser Chiefs* auf die historische Bühne (*Seaclose Park, Newport, www.isleofwightfestival.com*). Ein wahrer musikalischer Brainpool ist Cornwalls größte Musikhalle. In der *Hall for Cornwall* gibt's Livemusik von Newcomern und Stars (*Back Quay, Truro, www.hallforcornwall.co.uk*). Das Pendant in Southampton heißt *The Joiners Arms* (*141 St Mary Street, www.joinerslive.co.uk*). Der neueste Exportschlager aus Brighton ist übrigens die Band *Blood Red Shoes*, die mit ihrem Garage-Pop nun auch das europäische Festland unsicher macht (*www.bloodredshoes.co.uk*, Foto). Wer auf Elektrosound steht, fährt nach Southend: Hier ist das One-Man-Projekt *Get Cape. Wear Cape. Fly* zu Hause (*www.getcapewearcapefly.com*).

SZENE

▶▶ UNIQUE FASHION

Modemetropole auf dem Land

In Brighton lassen sich Designer und schrille Shops nieder. Die Kreationen sind mal bunt und auffällig, mal schlicht und elegant. Robin Webb kreiert Schuhe z. B. aus Kork und Synthetik für *Vegetarian Shoes* – handgefertigt und stilvoll *(12 Gardner Street, www.vegetarian-shoes.co.uk).* Exklusive Ready-to-wear für Herren und eine Riesenauswahl an stylishen Krawatten gibt's bei *Gresham Blake (20 Bond Street, www.greshamblake.com)*! Nach London und Dubai wählte Designerin Sarah Arnett Brighton als dritte Shoplocation für ihr Label *Simultane*. Die groß gemusterten, locker-leichten Kleider und Kimonos passen perfekt zu den Räumlichkeiten – einem Herrenhaus mitten in der City *(52 Ship Street, www.simultane.co.uk,* Foto).

▶▶ ABENTEUER UND ADRENALIN

Coasteering

Mutige wollen mehr! Das Motto in Südengland lautet: je abenteuerlicher, umso besser. Oder am besten gleich alles auf einmal: Wie z. B. beim *Coasteering*, einer Mischung aus Canyoning, Caving, Meeresschwimmen, Klettern und Klippenspringen. *Essential Adventure* organisiert *Coasteering* an den abgelegenen Küstenstreifen von Torquay, in der Gruppe und mit verschiedenen Schwierigkeitsgraden *(Essential Adventure, 187 Withycombe Village Road, Exmouth, www.essential-adventure.co.uk,* Foto). In Newquay gibt's den besonderen Adrenalinkick – mit Extratouren, die Sprünge von kleinen Wasserfällen und das Entdecken dunkler Unterwasserhöhlen beinhalten *(15b Tolcarne Road, www.hotrockcoasteer.co.uk).*

▶▶ GO GREEN AUF ALLEN EBENEN

Grüne Lunge Großbritanniens

Die Küstenregionen leben den Öko-trend und entwickeln sich zum grünen Vorbild für das Königreich! Das *Earthship* in Brighton ist ein grünes Vorzeigehaus aus 100 Prozent umweltfreundlichem Material: Sonnenstrahlen und Wind werden in Energie umgewandelt (*Stanmer Park, www.lowcarbon.co.uk, Foto*). Grüne Hotels an der Südküste sind mit dem Emblem „Look for the Leaf" ge-kennzeichnet – das für umweltfreundli-che Bauweise und energiesparende Maßnahmen steht. Preisgekrönt sind unter anderem das *Primrose* in St. Ives (*Porthminster Beach, www.primroseonline.co.uk*) und die Cot-tages der *Edeswell Farm* (*Rattery, South Brent, www.edeswellfarm.co.uk*). Go Green im Kleinen gibt's zum Beispiel in Bigbury-on-Sea: Das dortige *Venus-Café* ist eines von meh-reren Go-Green-Cafés in Südengland, mit organischem Kaffee, Eiscreme, Burgern, alles aus der Region oder fair gehandelt (*Burgh Island, www.venuscompany.co.uk*).

▶▶ LITERATUR ZUM MITMACHEN

Wer ist der Mörder?

Südengland war die Heimat von Agatha Christie – klar, dass sich hier literarische Kri-mispecials und Events mit dem mörderi-schen Etwas häufen. Beim *Bath Literature Festival* gibt's neben Lesungen auch das *Poetry Taxi*: einsteigen, Gedicht aussuchen und eine persönliche Vorführung bekom-men (*Events z. B. in der Guildhall, High Street, www.bathlitfest.org.uk*)! *The Killing Game* organisiert Murder Mystery Events – Partys, Dinner und Theaterstücke, bei denen Mordfälle und andere Verbrechen aufge-klärt werden (*www.killinggame.co.uk, Foto*). Einen Krimi nach Wahl zum Mitma-chen oder ein ganzes Mörder-Wochenende gibt's bei *Cluedunnit* (*Compass House, Row-dens Road, Wells, www.cluedunnit.co.uk*).

▶▶ KUNST FÜR ALLE

Neuer Schwung aus der Provinz

Die Küste etabliert sich als Treffpunkt moderner Kreativer wie z. B. Damien Hirst. Bei Künstlern wie Besuchern beliebt: *Art Weeks*. Neben der *Oxfordshire Art Week (z. B. im Kirtlington Park in Kirtlington, www.artweeks.org)* gibt's auch Open Studio Events wie *Art at the Farm*, bei der etwa Stephanie Cavill ihre Tore öffnete *(Hill Farm, West Monkton, Taunton, www.stephaniecavill.com)*. Über 50 ausstellende Künstler sind einmal im Jahr beim *Chew Valley Arts Trail* vertreten *(z. B. in der Chew Valley Art Gallery, Chew Magna, Bristol, www.chewvalleyartstrail.co.uk)*.

▶▶ ROMANTIK PUR!

Wedding Venues im Süden

Immer mehr Verliebte trauen sich in Südengland. Die Region wird zum Hotspot der romantischsten Hochzeiten! Im historischen Anwesen *Tylney Hall (Ridge Lane, Rotherwick/Hook, www.tylneyhall.com, Foto)* im Ashdown Forest kann man die Ringe mit Blick auf Bootshaus und Rosengarten tauschen . Das *Mount Edgcumbe House* – eine Schlossanlage aus dem 16. Jh. – ist mit riesigem Park der perfekte Background für die Zeremonie, für's Ja-Wort bieten sich verschiedene Settings an – von der marmornen Great Hall über ein lichtes Atelier bis hin zur gemütlichen Bibliothek *(Mount Edgcumbe House and Country Park, Cremyll, Torpoint, www.mountedgcumbe.gov.uk)*.

▶▶ MEHR ALS BAKED BEANS

Modern british cooking

Fast Food war gestern! In Cornwall, Devon & Co. gibt es mehr kulinarische Genüsse als nur Baked Beans und Sausages. Gekocht wird „modern british". Im *Fifteen* in Cornwall, von Jamie Oliver gegründet, gibt's kreative Menüs mit Zutaten aus der Region, zum Beispiel frischen Glattbutt mit Spinat und Pesto *(On The Beach, Watergate Bay, www.fifteencornwall.co.uk, Foto)*. Das *Pescadou* zählt zu den besten Fischrestaurants in Padstow. Hier werden fangfrische Meeresfrüchte und knackiges Gemüse serviert *(North Quay)*. Ebenfalls in Padstow: das *No. 6*, das neben ökologischen Zutaten vor allem mit seiner mediterranen Küche punktet *(6 Middle Street, nur abends geöffnet)*.

> SPRACHEN, SPIELE, LABYRINTHE

Südengländer pflegen nicht nur Traditionen, sondern auch Gärten, Legenden und ihre Pubkultur

ARTUS

Gab es König Artus wirklich? Er wird mit verschiedenen südenglischen Orten in Verbindung gebracht, z. B. Tintagel in Cornwall (S. 81), wo Archäologen Reste eines fürstlichen Hofs aus dem 5.–6. Jh. fanden. In dieser Epoche soll Artus als Anführer der Kelten gegen die angelsächsischen Eindringlinge gekämpft haben. In der Burg von Tintagel lag ein komfortab-ler Palast, dessen Bewohner Luxus-güter des Mittelmeerraums wie Öl und Wein genossen. Reiche Zinnvor-kommen in der Gegend machten es möglich. Auch der mystische Ort Glastonbury (S. 71) galt lange als Sitz des Artus'. Und in der Großen Aula von Winchester (S. 58) hängt ein der Ritterrunde zugeschriebener *round table* – doch dieser stammt vermut-lich aus dem 14. Jh., als der Artuskult am englischen Hofe gepflegt wurde.

Bild: Pier im Seebad Eastbourne

STICH WORTE

BAUSTILE

Außer bekannten Begriffen wie gotisch hört man in England andere Namen, die teils die Regierungszeiten der Könige bezeichnen. So heißt die romanische Architektur der Insel meist normannisch, Fachwerkbauten aus dem 15. und 16. Jh. werden als Tudor bezeichnet, entsprechend der Regierungszeit der gleichnamigen Dynastie. Jacobean nennt man Bau-werke aus der Regierungszeit von James I. (1603–25). Viele Häuser aus dem 19. Jh. sind dagegen Regency, aus der Regentschaft des späteren Georgs IV. oder viktorianisch, gebaut in der Zeit der Herrschaft von Queen Victoria.

CHEDDAR

So heißt ein großes Dorf in Somerset, wo man einen reifen, festen, meist zylindrisch geformten Käse herstellt. Der *Cheddar cheese* ist seit der Zeit der Tudors außerordentlich beliebt und für England ungefähr das, was für Frankreich der Camembert ist.

CORNIC

Nach dem Abzug der römischen Legionen im Jahr 407 drängten die Neuankömmlinge (die Angeln) die keltische Bevölkerung nach Westen ab – nach Wales und Cornwall. „Cornic" wird der Dialekt der nach Cornwall geflüchteten Kelten genannt. Das älteste Manuskript in Cornic stammt aus dem 10. Jh., und der schönste erhaltene Text ist ein Mysterienspiel aus dem 16. Jh., das den Titel *Bewnans Meryasek* (Das Leben des heiligen Meriasek) trägt. Solche Spiele wurden seinerzeit im Freien aufgeführt. Im östlichen Teil des Herzogtums nahmen die gebildeten Leute sehr schnell die englische Sprache an, während im westlichen Teil der Halbinsel die meisten Familien (vorwiegend Fischer und Bergleute) noch bis ins 17. Jh. ausschließlich „Kernewek" sprachen. Der letzte Mensch, der diese Sprache praktizierte, war nicht, wie bislang angenommen, Dolly Pentreath aus Mousehole († 1777), sondern John Davey aus Zennor († 1891). Heute wird Cornic wieder unterrichtet, und in Cornwall gibt es auch Rundfunkprogramme in dieser Sprache.

COUNTY SHOW

Typische Sommerereignisse sind die *County Shows* (auch *Agricultural Shows* genannt). Nirgendwo hat man einen besseren Einblick in die englische Lebensweise. Ihr Ursprung als Agrarjahrmärkte ist an den Wettbewerben zu erkennen: Prämiert werden die besten Zuchtbullen, die schönsten Himbeeren und die längsten Porreestangen. In Zelten zeigen Imker ihre Honigsorten, Blumenzüchter ihre Rosen. Drum herum gibt es einen großen Rummel mit Clown und Karussell, Blaskapelle und Reitturnier sowie Stände, die alle nur erdenklichen Produkte für das ländliche Leben verkaufen, von Gartenmöbeln und Werkzeug bis zu Wachsjacken und hausgemachtem Senf.

DERBY

So nennt sich ein berühmtes Pferderennen, das gegen Frühjahrsende in Epsom stattfindet. Derby ist zugleich der Name des Lords, der dieses Wettrennen 1780 ins Leben rief und mit einem großzügigen Preis dotierte. Das Derbyrennen vollzieht sich auf flachem Gelände über 2400 m. Es lockt jedes Jahr Zocker, Pferdezüchter, Jockeys, Neugierige, Abenteurer und die gehobene britische Gesellschaft gleichermaßen an. Trotzdem wäre es falsch zu behaupten, jene würden sich mit Letzterer mischen. Hier bleibt ein jeder in seiner Box!

DICKENS, HARDY UND DIE ANDEREN

Charles Dickens, dem wir „David Copperfield", „Oliver Twist" und „Die Pickwickier" verdanken, wurde 1812 in Portsmouth geboren, verbrachte aber seine Kindheit vor allem in Chatham bei Rochester. Es gibt heute ein *Dickens Birthplace Museum* in Portsmouth. Thomas Hardy, der Verfasser von „Tess von d'Urbervilles", wurde 1840 in Upper Bockhampton (nahe Dorchester) geboren, in einem Cottage, das man besichtigen kann. In seiner Geburtsgegend ist er so berühmt, dass man ein Bier nach ihm benannt hat. Eine weitere Schriftstellerin des Südens ist Jane Austen (1775–1817). Geboren in Hampshire, lebte sie später in Southampton, wo sie sich auf die Beschreibung der bürgerlichen Gesellschaft ihrer Heimat verlegte. Sie wurde in der Kathedrale von Winchester bestattet. Unserer Zeit näher sind William Golding („Herr der Fliegen"), geboren in Cornwall, und der aus Dorset stammende John Le Carré („Der Spion, der aus der Kälte kam").

GÄRTEN

Die Briten haben sich zu wahren Meistern der Gartenkunst und des Anlegens von Irrgärten, sogenannten *mazes,* entwickelt. Um 1720 erfanden sie die pittoresken englischen Landschaftsgärten. Die Gartenarchitekten vermieden alles, was zur Gestaltung klassischer „französischer" Gärten gehört. Lieber kultivierten sie Asymmetrie, scheinbare Unordnung und launische Ideen. Auf diese Weise sind zauberhafte Wandelgänge entstanden, Baumserpentinen, überraschende Einfriedungen, begrünte Nischen, Wasserbecken, Seen und sanfte Talmulden als Übergang in die umgebende Landschaft. Das *maze* ist ebenso Bestandteil des englischen Gartens wie die Tempelchen, Gartenlauben und Grotten.

Solche Irrgärten oder Gartenlabyrinthe gibt es noch in *Hampton Court* (bei London) und in *Longleat House*

Ein County-Show-Klassiker: der Oldtimer

unweit von Bath. *Hever Castle* (nahe Tunbridge Wells) bietet sicherlich das schönste und besterhaltene *maze* Englands. Großer Beliebtheit erfreuen sich die im Spätsommer kurzfristig angelegten Labyrinthe in Maisfeldern. „Maize maze" nennt mann die Attraktion, die zur Erntezeit wieder verschwindet.

KRICKET

Der Sommersport der Briten seit 1728. Kricket wird in flachem Gelände gespielt. Die in makelloses Weiß gekleideten Spieler bedienen sich eines 95 cm langen Holzschlegels sowie eines kleinen, lederbezogenen Balls. Die hoch entwickelten Spielregeln sind außerordentlich kompliziert. In groben Zügen verläuft das Spiel folgendermaßen: Ein *bowler* wirft den Ball und versucht, das gegnerische *wicket,* ein Gerüst aus drei *stumps* (Pfosten) und zwei *bails* (Stangen), zu treffen und zum Einsturz zu bringen. Dazu benötigt er die Hilfe von neun *fielders* (die hinter dem verlorenen Ball herlaufen) und einem *wicketkeeper* (Torhüter), den man gleich an seiner Ausstaffierung erkennt. Dieser Mannschaft von elf Spielern stehen aus der elfköpfigen gegnerischen Mannschaft vor allem zwei *batsmen* (Schläger) mit Beinschützern gegenüber, deren Aufgabe es ist, den geworfenen Ball abzuwehren und möglichst weit wegzuschlagen. Während der Gegner schnellstens hinter diesem Ball herläuft, legt der Schläger eine möglichst große Strecke zwischen den beiden Toren zurück. Zu Länderspielen, die bei einer täglichen Spieldauer von 6 Stunden sich über 5 ganze Tage erstrecken, nimmt man gerne ein Picknick und die Zeitung mit. Für Mittagessen und Afternoon Tea unterbrechen die Spieler das Geschehen.

NATIONAL TRUST

Herrenhäuser gibt es in England viele. Oft wohnen die Nachfahren der Herzöge und Grafen in den alten Gemäuern, was diesen Häusern einen ganz besonderen Reiz gibt. Die Häuser leben: Es riecht nach gebackenem Kuchen, in den Vasen sind frische Blumen arrangiert, und auf dem Schreibtisch sind garantiert Familienfotos zu bewundern.

Diese seltsame Konstruktion – privates Wohnhaus und dennoch geöffnet für jedermann – ist einem Gesetz aus den 30er-Jahren des 20. Jhs. zu verdanken. Darin wurde festgelegt, dass die Erben dieser Anwesen ihren Besitz dem 1895 gegründeten National Trust schenken, der im Gegenzug für die enorm angestiegenen Steuern und den Erhalt der Gebäude aufkommt. Dafür bekommen die Nachfahren das Recht, lebenslang in den Häusern zu wohnen. Mit dem Deal geben die ehemaligen Besitzer gleichzeitig ihre Zustimmung, dass zu festgesetzten Zeiten das Publikum durch ihre Häuser, Parks und Gärten flanieren darf. Das „Country House Scheme" hat sich bewährt. Heute ist der National Trust der größte private Grundbesitzer in Großbritannien. Über 200 Schlösser und Burgen, 50 Dörfer, über 100 Parks und bedeutende geschützte Landschaftsgebiete sind im Besitz der gemeinnützigen Stiftung.

PIERS

Im 19. Jh. entstanden in englischen Seebädern über 100 Piers, lange gusseiserne Stege mit Holzdeck, die teils als Schiffslandebrücken benutzt wurden, aber hauptsächlich dem Urlaubsvergnügen dienten. Man flanierte in der frischen Brise, aß Eis oder Zuckerwatte, ließ sein Geld in Spielautomaten oder besuchte das über Sand und Wellen erbaute Varietétheater. Durch Stürme, Brände und die salzhaltige Luft verfielen zahlreiche Piers. Der vielleicht schönste, der West Pier von Brighton, ist vom Einsturz bedroht und zur Zeit geschlossen, doch werden landesweit noch 55 gezählt, davon mehr als 20 an der Südküste, darunter Brightons zweiter, der Palace Pier. Manche sind herrlich verzierte Denkmäler. Für Seebäder, die wie Bournemouth oder Eastbourne etwas auf sich halten, ist der Pier das unerlässliche Zentrum des Urlaubsvergnügens.

PUB

Der Pub ist wohl neben der Monarchie die bekannteste britische Institution. Das Wort ist die Kurzform von *public house* und bezeichnet ein zumeist gemütliches Etablissement, in dem Bier und andere alkoholische Getränke ausgeschenkt werden. Doch geht es um mehr als den bloßen Getränkeumsatz: Im Pub schlägt das Herz des britischen Gesellschaftslebens, er ist ein Ort der Geselligkeit, an dem die *regulars* (Stammgäste) des Viertels auf ein Gläschen zusammenkommen und ihre Neuigkeiten austauschen. In einigen Pubs vertreiben sich die Gäste ihre Zeit auch mit Domino, Darts oder Snooker-Billard.

Seit 2005 müssen Pubs nicht mehr um 23 Uhr schließen. Diese Liberalisierung hat nicht dazu geführt, dass man nun allerorts bis tief in die Nacht trinken kann, aber viele Lokale haben bis Mitternacht geöffnet.

In einem Pub haben passionierte Biertrinker die Qual der Wahl

NUR VOM FEINSTEN

Die Saison wird in ganz Südengland ausgiebig zelebriert:
auf Rennbahnen, bei Opernfestivals und Druidenzeremonien

> Südengland wartet von Mai bis September mit einem Programm auf, das wohl weltweit seinesgleichen sucht. Das hat viel mit Tradition zu tun, aber auch mit der wachsenden Zahl von Festivals mit Oper, Literatur und Theater, klassischer und neuer Musik. Die Sportsaison wird mit viel Spaß, Stil und Gästen aus aller Welt zelebriert: Ruderrennen auf der Themse in Henley, die Segelregatta auf der Isle of Wight, Pferdewettrennen in Ascot, Epsom oder Goodwood. Sie können sogar an Druidenzeremonien zur Sonnenwende in Stonehenge teilnehmen!

▐ FEIERTAGE ▐

1. Jan. *(New Year's Day);* **Karfreitag** *(Good Friday);* **Ostermontag** *(Easter Monday);* **erster Montag im Mai** *(May Day Holiday);* **letzter Montag im Mai** (Spring Bank Holiday), **letzter Montag im August** *(Summer Bank Holiday);* **25. Dez.** *(Christmas Day)* und **26. Dez.** *(Boxing Day).*

▐ FESTE UND VERANSTALTUNGEN ▐

Mai

1. Mai: Vielerorts wird der Frühling mit uralten Riten gefeiert. Zu den größten Veranstaltungen gehören das *Jack-in-the-Green-Festival* mit grünem Ungeheuer in Rochester, Kent, sowie die *Paraden* in Padstow, Cornwall, und Minehead, Somerset
Brighton Festival: Kunst, Oper, Literatur, Musik (Anfang Mai). *www.brightonfestival.org.uk*
Bath: ⭐ *Bath International Festival.* Folk, Jazz, Oper und klassische Musik; Gratiskonzert im Royal Victoria Park. *www.bathfestivals.org.uk*

Mai–August

Glyndebourne: ⭐ *Opernfestival* mit Picknick (in Abendgarderobe!) in der Pause. *www.glyndebourne.com*
Minack: *Freilichttheater* in spektakulärer Klippenlage in Porthcurno bei Penzance. *www.minack.com*

Aktuelle Events weltweit auf www.marcopolo.de/events

> EVENTS
FESTE & MEHR

Juni

Ascot: Viertägiges *Royal Ascot-Pferde-rennen* mit besonders modischen Einlagen am *Damentag*

Epsom: ⭐ *Derby.* Weltberühmtes Pferderennen, ein gesellschaftliches Ereignis

Somerset: ⭐ *Glastonbury Festival;* das beliebteste Rockfestival. *www.glastonburyfestivals.co.uk*

Kent: *Sommerkonzerte* in Leeds Castle bei Maidstone. *www.leeds-castle.com*

Arundel, Sussex: *Blumenfest* zu Fronleichnam

Sussex: *South of England Agricultural Show*, Ardingly, Haywards Heath (Mitte Juni). *www.seas.org.uk*

Stonehenge: *Druidenzeremonien* zur Sonnenwendfeier

Juli

Royal Regatta in Henley: Internationale Ruderwettkämpfe. *www.hrr.co.uk*

August

Pferderennen in Goodwood: für viele die schönste Rennstrecke

⭐ *Cowes Week*: größtes Segelevent vor der Isle of Wight (1. Augustwoche)

Winchester Hat Fair: drei Tage Straßentheater. *www.hatfair.co.uk*

Brighton: *Gay Pride.* Große Parade in Südenglands Schwulenhochburg. *www.brightonpride.org*

Bristol: *International Balloon Fiesta.* Großes Fest mit Heißluftballons. *www.bristolfiesta.co.uk*

Newquay: *Boardmasters*, Fistral Beach. Internationaler Surfwettbewerb. *www.surffestival.com*

November

Oldtimer-Rallye (1. So): Frühmorgens starten die Oldtimer beim Hyde Park in London. Ziel ist es, in Brighton anzukommen

Guy Fawkes Night (5. Nov.): landesweit Freudenfeuer und Feuerwerk in Erinnerung an den Gunpowder Plot im 16. Jh. Besonders stimmungsvoll ist das Fest in Ottery St. Mary, Devon. *www.otterytourism.org.uk*

> BREAKFAST UND HIGH TEA

Aber lassen Sie noch Platz fürs Dinner:
Die junge Küche des Südens ist ambitioniert und lecker

> **Nichts kommt der warmen Gemütlichkeit eines Tearooms gleich, der Atmosphäre englischer Pubs, wo Sie im Sommer im angrenzenden Garten des Hauses die Sonne genießen oder während der kälteren Jahreszeiten neben dem Kaminfeuer Wind und Regen vergessen können.**

Die hiesige Gastronomie hat sich in den letzten Jahren um 180 Grad gewendet. Nur noch in wenigen abgelegenen Orten stimmt der zugegeben schlechte Ruf der englischen Küche mit der Realität überein. Lediglich an dem *Full English Breakfast,* das die Engländer an normalen Wochentagen jedoch kaum essen, – sie bevorzugen eher einen Toast mit Marmelade und trinken einen großen Pott Tee dazu – wird festgehalten. Außerdem gibt es das sogenannte *Continental Breakfast*.

Falls es Sie gelüstet, den Tag mit vielen Vitaminen und mindestens ebenso vielen Kalorien zu beginnen,

> *www.marcopolo.de/suedengland*

ESSEN & TRINKEN

entscheiden Sie sich für das *Full English Breakfast.* Dazu gehören nicht weniger als: Würstchen, Speck, Tomaten, gebratene Eier, Joghurt, Porridge, Cornflakes oder andere *cereals,* Toast, Orangenmarmelade und andere Konfitüren, Tee oder Kaffee, Fruchtsäfte, mitunter gar geschmorte Nieren, Blutwurst, geräucherte Heringe *(kippers)* sowie die unumgänglichen *baked beans* (weiße Bohnen in Tomatensauce).

Einerseits ist die Aufnahme dieser Nahrungsmittel frühmorgens keine Kleinigkeit. Andererseits werden Sie derart gesättigt problemlos imstande sein, bis zum Mittagessen auszuharren – oder sogar darauf zu verzichten, denn die Briten legen mehr Wert auf das abendliche Dinner und ziehen es vor, mittags keine Zeit bei Tisch zu vertrödeln. Lieber bestellen sie ein *take away* (etwas zum Mitnehmen), das meistens aus reich belegten Sandwiches oder dem Klassiker, frittierten, mit Essig beträufelten Fish'n'Chips besteht, für die im Süden besonders gern Schellfisch verwendet wird.

Die Fish'n'Chips-Läden haben jedoch durch die vielen chinesischen, indischen und italienischen Restaurants sowie die unendliche Zahl von Coffeeshops mit einer Riesenauswahl an Sandwiches, Salaten und Snacks große Konkurrenz bekommen.

Das Beispiel führender TV-Köche hat das allgemeine Niveau englischer Restaurants spürbar angehoben.

> SPEZIALITÄTEN
Genießen Sie die typisch englische Küche!

Cornish Pasty – kornische Spezialität. Die Blätterteigpastete wird in über 20 verschiedenen Variationen verkauft, meistens jedoch ist sie mit Fleisch, Kartoffeln und Gemüse gefüllt (Foto).

Crumbles – Früchte, meist Äpfel, Beeren oder Rhabarber, dick mit Streuseln belegt und im Ofen gebacken, mit Sahne oder Vanilleeis heiß serviert

Curries – indische Reisgerichte mit Lamm, Krabben oder Huhn. Sie werden inzwischen als englisches Nationalgericht betrachtet. *Chicken Tikka Masala* mit gut gewürzter Paprika-Tomaten-Sauce ist die Nummer eins unter den

Curries, gefolgt vom milderen *Chicken Korma* mit Kokossauce.

Jacket Potatoes – Folienkartoffeln werden mit verschiedenen Füllungen angeboten: Thunfisch, Kohlsalat, geriebenem Käse oder Krabben mit Mayonnaise

Roast mit Mintsauce und Yorkshire Pudding – traditionelles Sonntagsessen. Der Braten kann Rinder-, Schweine- oder Lammbraten sein. Zum Lamm wird eine Sauce aus frisch gehackten Minzblättern und Essig gereicht. Ganz wichtig beim Rinderbraten ist der Yorkshire Pudding, ein Pfannkuchenteig, der idealerweise unter dem Fleisch im Ofen gebacken wird, sodass der Saft auf den Teig tropft.

Shepherd's Pie – Lammhackfleisch in Sauce mit Kartoffelbrei überbacken

Steak and Kidney Pie – Pastete gefüllt mit Steakscheiben und Nierchen in Bratensauce

Trifles – Die mit Gelee überzogenen Früchte, meistens Bananen oder Pfirsiche, sind mit sherrygetränkten Löffelbiskuits (*lady fingers*) umhüllt und mit *custard* (Vanillesauce) übergossen. Ein köstliches Dessert

Whitebait – kleine, mundgerechte Weißfische, gegrillt, manchmal auch in Mehl gewälzt und dann gebraten und mit Mayonnaisedip serviert, sind ideal als Vorspeise und werden gern im Pub zum Bier serviert.

Trend der letzten Jahre sind „Gastropubs", also Kneipen mit ambitionierter Küche.

Restaurants sind in Südengland meist von 12 bis 14.30 und von 19 bis (letzte Bestellung) 21.30 Uhr geöffnet. Viele haben einen Ruhetag, häufig den Sonntag oder den Montag. Einfache Pubküche wird oft durchgehend von 12 bis 22 Uhr serviert.

Im Westen sollten Sie Fischgerichte bestellen, etwa den *pilchard* (große, manchmal marinierte Sardine), Lachs aus Torridge und Exe (Devon), Krabben aus Brixham und Schaltiere aus Budleigh Salterton.

In Großbritannien wird der Nachtisch vor dem Käse serviert. Das *trifle* ist, sofern hausgemacht, ein köstliches Dessert. In Dorset und Somerset sollten Sie die verschiedenen Käsesorten der Region probieren, bevor sie zu guter Letzt den traditionellen, mit Milch servierten Kaffee einnehmen.

Am späten Nachmittag widmen sich Engländer auch im Süden einem weiteren Ritual: dem *high tea*, auch *afternoon tea* oder *five o'clock tea* genannt. Der Tee wird mit Backwerk serviert, das *scones* heißt, dazu gibt es Butter, Konfitüre, Milch und Sahne. Die Sahne in Devon hat einen leichten Nussgeschmack. Je gelber und dicker sie ist, desto besser. Ein *high tea*, der seinen Namen verdient, umfasst zudem Toasts, Schnittchen mit Lachs, Gurken oder Käse sowie Fisch und kaltes Fleisch. In großen Hotels wird der *high tea* zwischen 15.30 und 17.30 Uhr serviert. Der Tee ist seit über drei Jahrhunderten das Hauptgetränk.

Beim Bier unterscheidet man das *pale ale* (ein Helles), das *bitter*, das *brown ale* (ein liebliches Dunkles), das *stout* (ein tief dunkles Bier) und das *lager*, das dem kontinentalen Exportbräu entspricht. In den Pubs wird das Bier kalt serviert, wenn es aus

Nicht schnödes Getränk, sondern heiß geliebtes Ritual: *high tea* mit *scones*

der Flasche kommt oder unter Kohlensäuredruck gezapft wird. Kommt es jedoch einfach vom Fass *(draught beer)*, hat das Bier Kellertemperatur, d. h. es ist in der Regel nur leicht gekühlt. In den englischen Pubs entgehen Sie nicht der Qual der Wahl zwischen fruchtigen Biersorten wie Fuller's London Pride und den starken *ales* wie Abbot Ale, Ruddles County oder Owd Roger.

Versäumen Sie aber auf keinen Fall, auch den Cider für sich zu entdecken, einen moussierenden, erfrischenden Apfelwein, der je nach Region anders schmeckt. Einen hervorragenden Ruf genießt etwa der Cider aus Somerset.

SHOP TILL YOU DROP

Mode, Antiquitäten, Badesalze und gutes Design:
Wer hier nichts findet, dem ist nicht zu helfen

> „Shop till you drop" heißt eine Redensart der Engländer. Und Einkaufen bis zum Umfallen ist im Süden des Landes tatsächlich kein Problem. Zwar scheint einiges etwas teuer, doch Sie werden feststellen, dass es viele Schnäppchen zu machen gibt.

ANTIQUITÄTEN

Für Liebhaber von Antiquitäten ist Südengland mit seinen vielen Flohmärkten ein Mekka. Lokale Märkte finden jeden Sonntag auf Parkplätzen statt, in Kempton (Surrey) wird dienstags auf der Pferdebahn die Ware angeboten, in Brighton liegen die bekanntesten Antiquitätengeschäfte in den Lanes. Manchmal finden Sie auch unerwartet kleine Kostbarkeiten in den vielen Wohlfahrtsläden in den Hauptstraßen der Städte.

DESIGN & GESCHENKE

Auffällig beim Sightseeing sind die vielen *Gift Shops:* keine Kathedrale, keine Burg, kein Herrensitz ohne Geschenkeladen, wo es außer Nippes auch gute Kleidungsstücke (Hüte, Schlipse, T-Shirts), schöne Bücher, geschmackvolles Glas und Geschirr sowie leckere Mitbringsel wie Honig, Marmelade und Chutney gibt. Die Briten sind bekannt für ihr gutes Design. Wer Schönes fürs Heim – Wäsche, Geschirr oder Tapeten – sucht, wird praktisch an jeder Ecke fündig. Geschmackvoll sind auch die Accessoires in den Conrangeschäften.

GRÜNER DAUMEN

Die Engländer lieben ihre Gärten. Entsprechend gut und reichhaltig ist das Angebot an Pflanzen, Samen und Produkten rund um den Garten in den vielen Gartencentern.

KOSMETIK

Der *Bodyshop* mit seinen Naturstoffen machte den Anfang. Noch begehrter sind inzwischen die Naturkosmetikprodukte von *Lush*, etwa Haarwäsche auf der Basis von Linsenextrakt, Badekugeln, die sich zischend im Wasser auflösen, und Massagebarren aus Schokolade mit

> EINKAUFEN

Minze. Nicht zu vergessen Herbalistas wie *Crabtree & Evelyn*, deren Schaufenster gefüllt sind mit Schachteln, Gästeseifen und elisabethanischen Badesalzen.

LEBENSMITTEL

Große Supermärkte haben viele kleinere Lebensmittelgeschäfte verdrängt, doch nun gibt es die Gegenbewegung: Feine Delikatessen-, Fisch- und Käseläden verkaufen Spezialitäten der Region. Kaufen Sie in der Grafschaft Dorset den Blauschimmelkäse *Blue Vinny,* in Somerset den *Cider* (Apfelwein) kleiner Hersteller. Der königliche Hof bezieht seinen Käse vom feinen Londoner Geschäft *Paxton and Whitfield,* das eine Filiale in Bath *(1 John Street)* eröffnet hat. Selbstversorger sollten nach den *Farmers Markets* Ausschau halten, wo ein-, zweimal im Monat Produkte von den Erzeugern aus der Gegend selbst verkauft werden *(Termine: im Tourist Office fragen oder bei www.farmers markets.net).* Wer Süßigkeiten mag, hat an *Fudge* seine helle Freude. Das weiche Konfekt aus Zucker mit Milch und Butter gibt es in zig Geschmackssorten.

MODE

Vor allem die Ketten *Next, Topshop, Oasis, Kookai, Gap* oder *Jigsaw* sind berühmt dafür, dass sie blitzschnell aktuelle Laufstegmode zu akzeptablen Preisen in die Läden bringen. Und sie veranstalten immer mal einen Ausverkauf – weil es Sommer ist, die Mitte der Woche naht oder das Geschäft angeblich geschlossen wird. Ausgefallene Mode für Junge und Mutige finden Sie v. a. in Brighton oder Bristol.

SECONDHAND

Leicht exzentrisch und typisch englisch sind die allgegenwärtigen *Charity Shops,* Secondhandläden, deren Einkünfte einem guten Zweck zukommen. Dort gibt es Kleidung, Porzellan, Bücher, CDs und DVDs zu Schnäppchenpreisen. Und falls Sie nichts finden, dann bringt das Stöbern immerhin echte Einblicke in die Gewohnheiten der Engländer.

Insider Tipp

> DER „GARTEN ENGLANDS"

Dramatische Steilküsten, sanfte Hügel, idyllische Bauernhöfe und verlockende Bilderbuchdörfer

> Der gesamte Südosten Englands ist ein einziger ausgedehnter Garten voller Bauernhöfe und Schafe. In Kent werden Kirschen und Hopfen angebaut, Pflaumen und Birnen, und dazwischen findet sich immer noch Platz für hübsche Dörfer, Märchenschlösser, römische Villen und normannische Burgen. Kent besitzt einige der schönsten Gärten des Landes, etwa der von Sissinghurst Castle, und sehenswerte Anwesen wie Chartwell, Wohnsitz Winston Churchills.

Die angrenzende Grafschaft Sussex gehört zu den Lieblingsregionen der Engländer. Dieser Landstrich ist sehr gediegen, in Jahrhunderten gewachsen, wie man an dem alten Baumbestand und an den Dorfangern mit Kirche und Fachwerkhäusern erkennen kann.

Die Steilküsten entlang des Meeres eignen sich hervorragend zum Wandern, und ein gemütlicher Pub oder ein elegantes Hotel in Seebä-

Bild: die steilen Klippen von Beachy Head in East Sussex

DER SÜDOSTEN

dern wie Eastbourne oder Worthing ist niemals weit entfernt.

Direkt vor den Toren Londons liegt die Grafschaft Surrey mit grüner, hügeliger Landschaft und viel Historie. Surrey zählt zu den wohlhabendsten Landstrichen Südenglands. Auch im Tal der Themse macht sich der Wohlstand bemerkbar. Hier liegen das königliche Schloss Windsor und die prestigeträchtigste Privatschule des Landes, Eton.

BRIGHTON

[120 C5] Der königliche Einfluss hat Brighton (188 000 Ew.) entscheidend geprägt. Von 1756 an erging sich der Herzog von Gloucester an den hiesigen Gestaden, bald gefolgt von den Herzögen von York und Cumberland und dem Prince of Wales. Der künftige König Georg IV. nahm hier 1787 erstmals ein Bad, in der Hoffnung, seinen Kropf zu kurieren, und blieb Brighton 43 Jahre treu.

BRIGHTON

Die Aristokratie zog mit und mietete stets eine Unterkunft in der Nähe des Royal Pavilion, in der Absicht, den mondänen Vergnügungen zu frönen.

Heute ist das Seebad Brighton ein schicker Szenetreff der Londoner, für gute Gastronomie und attraktive Einkaufsstraßen sowie ein pulsierendes

THE ROYAL PAVILION ★

Für Liebhaber von Kitsch und Talmi ist dieser Ort ein erlesener Hochgenuss. Der auf Geheiß Georgs IV. von dem Architekten John Nash im „indischen Stil" entworfene Palast, erbaut 1815 bis 1822, spiegelt die damalige Orientschwärmerei eindrucksvoll wider: Möbel aus Bambus, Palmensäu-

Mehr als nur ein Hauch exotischer Exzentrizität: der Royal Pavilion im indischen Stil

Nachtleben bekannt. Die Stadt ist auch die englische Gay-Hochburg.

■ SEHENSWERTES ■

Insider Tipp

PRESTON MANOR

Von 1794–1932 lebte die einflussreiche Stanford-Familie auf dem Anwesen, das einen guten Einblick in die Lebensart der Upper Class vermittelt. *April–Sept. Di–Sa 10–17, So 14–17 Uhr | Eintritt £ 4,10 | Preston Drove*

len und pirogenförmige Sofas – kein Quadratzentimeter, der nicht in chinesischen, indischen oder maurischen Formen prangte. *April–Sept. tgl. 9.30–17.45, Okt.–März tgl. 10–17.15 Uhr | Eintritt £ 7,70*

■ ESSEN & TRINKEN ■

DUE SOUTH

Geschickte Zubereitung frischer organischer Zutaten und die wunderbare Lage direkt am Strand machen dieses Restaurant sehr beliebt, also sollten Sie unbedingt einen Tisch reservieren. Die Küche ist „Fusion", sie mischt britische Tradition mit Einflüssen aus aller Welt. *139 Kings Road Arches | Tel. 01273/82 12 18 | €€€*

FOOD FOR FRIENDS
Vorzügliche Adresse für Freunde vegetarischer Küche. *17–18 Prince Albert Street (The Lanes) | Tel. 01273/ 20 23 10 | €*

SEVEN DIALS
In einer umgebauten Bank werden Gerichte serviert, die auch verwöhnte Restaurantkritiker aus London überzeugen. *1 Buckingham Place | Tel. 01273/88 55 55 | €€*

THE TEA COSY
Die Hochburg der gediegenen britischen Teatime. *107 Southover Street | Hanover | €*

TERRE À TERRE
Brighton ist ein Paradies für Vegetarier. Dieses Lokal gilt als eines der besten fleischfreien Restaurants Eng-

lands. *71 East Street | Tel. 01273/ 72 90 51 | €€*

■ EINKAUFEN
Den Altstadtgassen der *Lanes (North Street)* mangelt es nicht an Charme, aber die Artikel sind von gestern und die Preise derart überhöht, dass das Ganze sehr einer Touristenfalle gleicht. Schauen Sie sich lieber in *The North Laines,* in der *Regent Arcade* (Mode, Kunst) und in der Umgebung der *Kensington Gardens* um. Schöne Mitbringsel finden Sie auch im *Artists' Quarter* am Brighton Pier Richtung Hove.

■ ÜBERNACHTEN
Die meisten Hotels in Brighton sind an den Wochenenden hoffnungslos ausgebucht. Im Voraus reservieren!

GEORGE IV GUESTHOUSE
Acht Zimmer in einem historischen Haus mit Seeblick. *34 Regency Square | Tel. 0127/332 11 96 | www. georgeivhotel.co.uk | €€*

PELIROCCO
Absolut cooles Hotel. Unscheinbar von außen, von innen hypermodern

MARCO POLO HIGHLIGHTS

⭐ **Rye**
Alte Stadt mit viel Charme (Seite 38)

⭐ **The Royal Pavilion**
Pirogensofas und Palmensäulen in Brighton (Seite 32)

⭐ **Leeds Castle**
Märchenhafter Palast mitten im See (Seite 38)

⭐ **Hever Castle**
Die romantische Burg aus dem 13. Jh. liegt inmitten preisgekrönter Gärten (Seite 42)

⭐ **Canterbury Cathedral**
Viel zu entdecken auf den Spuren Thomas Beckets, schwarzer Prinzen und der Pilger des Mittelalters (Seite 37)

und funky. Jedes der 19 Zimmer ist mit einer speziellen Idee, mit Namen wie *Pressure Sounds* oder *Betty's Boudoir,* designt. Und verfügt außerdem über eine eigene Playstation! *10 Regency Square | Tel. 01273/ 32 70 55 | Fax 73 38 45 | www.hotel pelirocco.co.uk | €€€*

FREIZEIT & SPORT

BRIGHTON PALACE PIER

Die berühmte Seebrücke, 1899 von Eusebius Birch entworfen, bildet den Mittelpunkt der 8 km langen Strandpromenade. Alle traditionellen Küstenattraktionen werden geboten, aber auch Liegestühle zum Verschnaufen. *Horatio's Bar* ist der beliebteste Pub auf dem Pier.

YELLOWAVE

Das Zentrum für Strandsport bietet Aktivitäten für Kinder und Erwachsene: von Volleyball über Fußball und Frisbee bis Klettern. *Tägl. 10–22 Uhr | Madeira Drive, zwischen Marina und Pier*

AM ABEND

Die Szene in Brighton ist schnelllebig. Aktuellste Infos: *http://whats on.brighton.co.uk* und die Stadtmagazine *Juice* und *The Source.*

THE OCEAN ROOMS ▶▶

Clubabende mit Hip-Hop, R & B, House. *Mo–Sa 22–3 Uhr | 1 Morley Street | Kemptown*

REGENCY TAVERN

Der typischste Pub Brightons. Alles ist konsequent – passend zum Royal Pavilion – im Regencystil gehalten. *32 Russell Square*

AUSKUNFT

TOURIST INFORMATION CENTRE

10 Bartholomew Square | Tel. 0906/ 711 22 55 (50 p pro Minute) | www. visitbrighton.com

ZIELE IN DER UMGEBUNG

CHARLESTON FARMHOUSE　　[120 C5]

Die Schriftstellerin Virginia Woolf hatte das heruntergekommene Gehöft 1916 für ihre Schwester Vanessa Bell ausfindig gemacht. Gegen den tristen Zustand ging die Künstlerfamilie mit Pinsel und Farben vor. Alles verzierten sie mit ihren Malereien – Wände, Kamin, Fenstersimse, Türen, sogar die Möbel. Den Garten gestalteten sie in einem für die damalige Zeit außergewöhnlichen südeuropäischen Stil. Der Charleston Trust, der das Haus 1978 übernahm, fand es völlig verwahrlost vor und

begann unverzüglich mit der Restaurierung. Bis heute hat man den Eindruck, dass die Künstler das Haus nur für einen Augenblick verlassen haben. *April–Okt. Mi–So 14–17.30 Uhr | Eintritt £ 7,50 | Tel. 01273/ 81 12 65 | A 27 zwischen Firle und Selmeston. Von Lewes fährt der Bus 125 nach Charleston. 19 km östlich*

EASTBOURNE [121 D5]

Zu Beginn des 20. Jhs. stand die noble Stadt (75 000 Ew.) als Synonym für Eleganz und Reichtum, war sie sommerlicher Treffpunkt für Könige und Künstler aus aller Herren Länder. Auch heute noch ist der Glanz dieser Vergangenheit erlebbar: Theater, Kino, Konzerte, ein 4 km langer, sauberer Kieselstrand, ein Wintergarten und selbstverständlich eine Strandpromenade mit teuren Hotels und Gärten. Trinken Sie unbedingt ihren Tee im *Grand Hotel,* dem weißen Palast, in dem viele Persönlichkeiten des 20. Jhs. abgestiegen sind: Winston Churchill, Charlie Chaplin, Paul Robeson. Der König von Spanien war derart beeindruckt, dass er sogar den Taxistand des Hotels in Madrid nachbauen ließ *(King Edward's Parade | Tel. 01323/ 41 23 45 | www.grandeastbourne.co. uk | €€€).* Nur 15 Minuten entfernt befinden sich die dramatischen Klippen von *Beachy Head.* Vorsicht, hier besteht Absturzgefahr! *35 km östlich*

Insider Tipp

HERSTMONCEUX CASTLE [121 D5]

Seit 1949 beherbergt dieses Landhaus das königliche Observatorium von Greenwich. Im Park befinden sich sechs riesige Teleskope. *Mitte April–Okt. tgl. 10–18 Uhr | Eintritt*

Immer noch elegant: Das Seebad Eastbourne war einst sommerlicher Treffpunkt von Königen

Garten £ 5,50, Burg £ 2,50 | Tel. 01323/83 38 16 | 40 km östlich

LEWES [120 C5]

Hübsches Städtchen mit normannischer Burg *(tgl. 10–17.30 Uhr | Eintritt £ 5)* und engen, abschüssigen Straßen *(twittens)*. Besichtigen Sie das *Anne of Cleves House (Di–Sa*

kunft: *Tel. 01273/48 34 48 | lewes. tic@lewes.gov.uk. 14 km östlich*

CANTERBURY

[121 F3] Die Kathedrale von Canterbury ist für die Anglikaner das, was der Petersdom in Rom für die Katholiken ist. Als Sitz des Primas von England hatte sie immer

Englands religiöser Mittelpunkt: die Kathedrale von Canterbury

10–17 Uhr | Southover High Street | Eintritt £ 3,65), das an die vierte Gemahlin Heinrichs VIII. erinnert, und die schönen alten Fachwerkhäuser in der *High Street*. Unterkunft: 🔊 *Berkeley House Hotel (3 Zi. | 2 Albion Street | Tel./Fax 01273/47 60 57 | www.berkeleyhousehotel.co.uk | €€)*; **Insider Tipp** Gourmetladen mit Restaurant: *Bill's Produce Store (56 Cliffe High Street | Tel. 01273/47 69 18 | €–€€)*. Aus-

große Anziehungskraft. Früher kamen die Pilger in Massen, um die Reliquien des 1173 heilig gesprochenen Märtyrers Thomas Becket zu verehren. Aber auch die anderen Kirchen – *St. Martin's Church, St. Augustine's Abbey* – sind einen Besuch wert. Unternehmen Sie zunächst einen Spaziergang durch die mittelalterlichen Straßen der Stadt (38 600 Ew.), bevor Sie die Spitze des 🌸 *Westgate* erklimmen, um den Blick über die Dächer zu genießen. Das *Old Weaver's House* in der *High Street,* in dem einstmals die Weber ihrer Arbeit nachgingen, ist nachts, wenn Scheinwerfer den Stourfluss beleuchten, noch schöner anzusehen.

SEHENSWERTES

CANTERBURY CATHEDRAL ⭐

Hier mischt sich steil aufragende Gotik mit Romanik, denn die Arbeiten wurden 1070 begonnen und erst 1504 beendet. Beachten Sie die Kirchenfenster (Erwin Bossanyi, 1956), die Wandgemälde des 15. Jhs., die Sarkophage und die Krypta mit der Kapelle des Schwarzen Prinzen. In einer Seitenkapelle wurde Erzbischof Thomas Becket auf Befehl Heinrichs II. 1170 ermordet. Schauen sie auch in Kreuzgang und Kapitelsaal. *Canterbury Cathedral Precinct | www.canterbury-cathedral.org | Eintritt £ 7*

THE CANTERBURY TALES

Mit Lichteffekten und Hörspiel, nach Geoffrey Chaucers „Canterbury Tales", werden die Welt der Pilger und der Alltag im Canterbury des 14. Jhs. zum Leben erweckt. *Tgl. 10–17 Uhr | Eintritt £ 7,50 | St. Margaret's Street*

ESSEN & TRINKEN

THE GOODS SHED

Am Farmer's Market, mit einfachen frischen Gerichten. *Station Road West | Tel. 01227/45 91 53 | €*

MICHAEL CAINES AT ABODE

Dépendance eines Starkochs im schicken, neu eröffneten Hotel. *33 High Street | Tel. 01227/82 66 84 | Restaurant €€€ | Pub-Gerichte €–€€*

ÜBERNACHTEN

CATHEDRAL GATE

Charmantes Hotel direkt neben der Kathedrale. *23 Zi. | 36 Burgate | Tel. 01227/46 43 81 | Fax 46 28 00 | www.cathgate.co.uk | €€*

IFFIN FARMHOUSE

Schönes B & B außerhalb. *3 Zi. | Iffin Lane | Tel. 01227/46 27 76 | www.iffinfarmhouse.co.uk | €€*

AUSKUNFT

TOURIST INFORMATION CENTRE

12/13 Sun Street | The Buttermarket | Tel. 01227/37 81 00 | Fax 37 81 01 | www.canterbury.co.uk

ZIELE IN DER UMGEBUNG

DOVER   [121 F4]

Die Burg von Dover war nach Meinung von Militärstrategen immer „der Schlüssel des Königreichs". Besichtigen Sie den Bergfried, der 1186 auf Geheiß Heinrichs II. gebaut wurde, und das Labyrinth der unterirdischen Gänge *(Hellfire Corner). Tgl. 10–18, Okt.–März bis 16 Uhr | Eintritt £ 9,80.* Sehr zu empfehlen ist der Klippenspaziergang östlich der Stadtmitte zum Leuchtturm *South Foreland Lighthouse (Fr–Mo 11–17.30 Uhr | £ 4),* auch mit Besichtigung des Besucherzentrums *The White Cliffs of Dover (tgl. 10–17 Uhr | Eintritt frei).* Fischrestaurant und Bistro: *Cullin's Yard (11 Cambridge Road | Wellington Dock | Tel. 01304/21 16 66 | €). 30 km südöstlich*

HASTINGS   [121 D–E5]

Die Burg, deren mächtige Ruinen man auf dem West Hill erblickt, wurde auf Initiative Wilhelms des (späteren) Eroberers erbaut, dessen Streitmacht hier landete *(tgl. 10–17 Uhr | £ 3,75)*. Doch die berühmte Schlacht vom 14. Oktober 1066 ereignete sich ca. 10 km von Hastings (80 000 Ew.) entfernt im Ort Battle. Besichtigung des Schlachtfelds mit Besucherzentrum: *Battle Abbey | tgl. 10–18 Uhr | Eintritt £ 6,30.* Auskunft Hastings: *Tel. 01424/78 11 11 | www.1066country.com*. Unterkunft: *Little*

Hemingfold *(12 Zi. | Telham | Hastings Road Battle | Tel. 01424/77 43 38 | Fax 77 53 51 | www.littlehemingfoldhotel.co.uk | €€)*, ein reizvolles Landhaus mit guter Küche. Restaurant in Battle mit guten Fischgerichten und Desserts: *The Pilgrims (1 High Street | Tel. 01424/77 23 14 | €€)*. 60 km südwestlich

LEEDS CASTLE ⭐ [121 E3]

Dieses Märchenschloss inmitten eines Sees war einst eine der bevorzugten Residenzen der englischen Souveräne und ist heute eines der meistbesuchten Schlösser der Welt. *Tgl. 10–18, Okt.–März 10–16 Uhr | Eintritt £ 14.* 37 km westlich

RAMSGATE [121 F3]

Der geschützte Badeort mit schönem Strand ist bei Familien beliebt. Das Gebiet um Ramsgate, Broadstairs und Margate, das als *Isle of Thanet* bezeichnet wird, zählt zu den geschichtsträchtigsten der Britischen Inseln. Wenige Kilometer südlich bei *Deal* betrat Julius Cäsar 55 v. Chr. die spätere römische Provinz Britannien. Zu Beginn des 5. Jhs. landeten hier die germanischen Angelsachsen, auf die der Name „England" zurückgeht. *Auskunft: Tel. 0870/264 61 11 | Fax 01843/58 53 53 | www.visitthanet.co.uk.* 25 km nordöstlich

RYE ⭐ [121 E5]

Rye (5400 Ew.) ist eine mittelalterliche, pieksaubere Stadt in East Sussex, deren Charme jeden Sommer Tausende von Besuchern erliegen. Auch Maler und Schriftsteller (Henry James etwa, der 1898–1916 im Lamb House wohnte) konnten

> ## >LOW BUDGET
>
> > In vielen englischen Kathedralen zahlt man Eintritt. Der *Canterbury Attractions Passport* kostet £ 15,75 und berechtigt zum Besuch von Kathedrale, St Augustine's Abbey, The Canterbury Tales sowie einem städtischen Museum *(www.canterbury-cathedral.org)*.
>
> > Brightons Hotel sind schick und teuer. Moderne, privat geführte Herbergen sind eine preiswerte Alternative, z. B. *St Christopher's Inn | 10–12 Grand Junction Road | Tel. 01273/20 20 35 | www.st-christophers.co.uk | ab £ 10 im Mehrbettzimmer*
>
> > Wenn Sie sich für Gärten und Herrensitze in Kent interessieren, lohnt es sich u. U. gleich vor Ort für ein Jahr Mitglied des *National Trust* zu werden: *ab £ 33 pro Person, Familie £ 58 (www.nationaltrust.org.uk)*. Allein in der Umgebung von Tunbridge Wells gewährt die Mitgliedschaft freien Eintritt zu Bodiam Castle, Chartwell, Ightham Mote, Knole Palace und Sissinghurst. Und zu weiteren Hunderten Sehenswürdigkeiten im ganzen Land.

den holprigen Gässchen, den weißen Fachwerkhäusern mit ihren Giebeldächern aus Schiefer und den schwarz gerahmten Fenstern nicht widerstehen.

Die Altstadt von Rye ist einfach entzückend, ganz besonders der *Church Square*. Flanieren Sie die

Altstadt gibt es historische Unterkunft in *Jeake's House (11 Zi. | Mermaid Street | Tel. 01797/22 28 28 | Fax 22 26 23 | www.jeakeshouse.com | €€).* Auskunft: *The Heritage Centre | Strand Quay | Tel. 01797/ 22 66 96 | Fax 22 34 60 | www.ryeheritage.co.uk. 50 km südwestlich*

Ganz schön mittelalterlich: Panoramablick auf das Städtchen Rye

Market Street, die *Watchbell Street* und die *Mermaid Street* hinunter, verweilen Sie am Fuß des *Ypres Tower* (von 1250) und träumen Sie davon, in der Nachsaison wiederzukommen, um in aller Ruhe den Blick auf die Bucht zu genießen. Östlich der Stadt liegt ein wunderschöner Sandstrand, *Camber Sands*. Dort isst man stilvoll oder übernachtet in **The Place** *(18 Zi. | Tel. 01797/22 50 57 | www.theplace cambersands.co.uk | €€€).* In Ryes

Insider Tipp

SANDWICH [121 F3]

Eine malerische Stadt (6000 Ew.) mit verwinkelten Gassen und alten Fassaden, besonders gut erhalten in *Barbican* und *Fisher Gate:* Häuser im holländischen Stil wie *Dutch House* oder *Manwood Court,* Fachwerkhäuser wie *Weaver's House* oder *Kings Arms.* Die Ruinen von *Burg Richborough (2 km westlich)* sind April–Okt. tgl. 10–18 Uhr, Eintritt £ 4, zu besichtigen. Die Festung aus dem

TUNBRIDGE WELLS

1. Jh. markiert vermutlich die Stelle der ersten römischen Landung. 10 km südlich in Deal gibt es eine wunderschöne *Burg,* die im 16. Jh. zum Schutz der Küste gebaut wurde *(April–Okt. tgl. 10–18 Uhr | £ 4).* Gute Küche und Jazz am Hafen: *Quayside Bar (Bell Lane | Tel. 01304/ 61 98 99 | €€).* Auskunft: *Guildhall | Tel. 01304/61 35 65 | www.opensandwich.co.uk. 20 km östlich*

WHITSTABLE [121 F3]

Der viktorianische Fischerort ist Englands Austernhauptstadt und unter Briten und Belgiern so beliebt, dass es selbst für die zu mietenden typischen Strandhütten eine Warteliste gibt. Genießen Sie die Austern in den *Royal Native Oyster Stores (Horsebridge Beach | Tel. 01227/ 27 68 56 | €€ | unbedingt reservieren)* oder direkt am Meer im westlichen Vorort Seasalter in einem Pub mit Michelin-Stern *The Sportsman (Faversham Road | Tel 01227/ 27 33 70 | €€€),* betrachten Sie die Sonnenuntergänge, die Maler wie William Turner inspiriert haben, und vollenden Sie den Besuch mit einer Übernachtung im *Art-déco-Hotel Continental* direkt am Meer *(23 Zi. | 29 Beach Walk | Tel. 01227/28 41 14 | Fax 28 02 57 | www.hotelcontinental.co.uk | €€€). www.whitstable.org. 10 km nordwestlich*

TUNBRIDGE WELLS

[121 D4] **Nachdem Lord North 1606 entdeckt hatte, dass Tunbridge eine Heilquelle besaß, verwandelte der Herzog von Abergavenny diesen etwas größeren Marktflecken in ein geschmackvolles Thermalbad.** Sehr schnell stellte sich die Crème der englischen Gesellschaft ein; unter anderen zog es Königin Victoria und Daniel Defoe hierher. Bis heute beeindruckt die Stadt mit ihren Grünflächen, ihren Häuserfassaden im Stil Georgs IV., ihrem *Calverley Crescent* und ihren *Pantiles.* Die eleganten, von Linden gesäumten Geschäftskolonnaden wur-

> DOWNS & MOORS
Das südenglische Hochland

In Südengland gibt es kein Gebirge, doch zwei Landschaftstypen besitzen ähnlich großen Reiz. Die *Downs* sind zwei von Ost nach West verlaufende Hügelketten aus Kalkstein. Südlich von London ziehen sich die *North Downs* durch Surrey und Kent, bilden bei Dover die berühmten weißen Klippen. Nicht weniger dramatisch ist der Abschluss der *South Downs,* die von Winchester im Westen bis zu den „Seven Sisters"-Klippen bei Eastbourne reichen. Bestehen die Downs aus trockenen Grasflächen mit einer sehenswerten Flora, ist das feuchte Hochland im Westen dagegen von Mooren geprägt. Bekannt ist das sagenumwobene *Dartmoor,* dessen Nebelwolken und Sümpfe oft in Filmen übertrieben dargestellt wurden. Auch das nördlich gelegene *Exmoor* und das kleinere *Bodmin Moor* in Cornwall beeindrucken mit karger Schönheit.

Im einstigen Thermalbad Tunbridge Wells genießt man nach wie ganz entspannt das Leben

den 1638 als Promenade zur Heilquelle eingerichtet und im 18. Jh. mit *pantiles* (flämische Ziegel) gepflastert. Entsprechend elegant und sehr stilvoll essen Sie auch im *Thackeray's (85 London Road | Tel. 01892/ 51 19 21 | tgl. 12–14.30, Mo–Sa 18.30–22.30 Uhr | €€).*

ÜBERNACHTEN

DANEHURST HOUSE
Mitten im Ort, das köstliche Frühstück wird im Wintergarten serviert. *4 Zi. | 41 Lower Green Road | Rusthall | Tel. 01892/52 77 39 | Fax 51 48 04 | www.danehursthouse.co.uk | €€*

RUSSELL HOTEL
Viktorianischer Landsitz. *23 Zi. | 80 London Road | Tel. 01892/54 48 33 | Fax 51 58 46 | www.russell-hotel. com | €€*

AUSKUNFT

TOURIST INFORMATION CENTRE
The Pantiles | Tel. 01892/51 56 75 | Fax 53 46 60 | www.visittunbridge wells.com

ZIELE IN DER UMGEBUNG

BODIAM CASTLE [121 D4]
Die mächtige Festung (14. Jh.) am Ufer des Rother ist ein gutes Beispiel militärischer Architektur. Von den Türmen aus ein wunderschönes Panorama. *Tgl. 10.30–18 Uhr | Eintritt £ 4,60. 25 km südöstlich*

CHARTWELL [120 C4]
Der Landsitz Winston Churchills ist zu einer Gedenkstätte für den wohl berühmtesten Briten des 20. Jhs. geworden. Das gediegene Haus konnte sich Churchill eigentlich nicht leisten, denn sein Vater war der jüngere Sohn eines Herzogs – also erbte der Onkel den Palast Blenheim bei Oxford und die Ländereien. Churchill war auf sein Einkommen als Journalist und Autor sowie auf die Hilfe einflussreicher Freunde angewiesen. Die Zimmer, in denen der Staatsmann von 1924 bis zu seinem Tod 1965 wohnte und arbeitete, sowie das Atelier, in dem er sich beim Malen entspannte, wurden um eine gut konzipierte Ausstellung ergänzt. *Mitte*

März–Okt. Mi–So 11–17 Uhr | Eintritt £ 10,10. 25 km nordwestlich an der B2026

HEVER CASTLE ⭐ [120 C4]

Diese mittelalterliche Burg wurde von dem US-Milliardär William Waldorf Astor restauriert. Ihm verdankt man das „Tudordorf" und den 14 ha großen Park mit Steingarten, Pergolen, Wasserfällen, Rosengarten, Labyrinth und italienischem Garten, geschmückt mit Renaissancestatuen. *Mitte März–Nov. tgl. 12–18 Uhr | Eintritt £ 11,50 | www.hevercastle.co.uk. 22 km nordwestlich*

IGHTHAM MOTE [121 D3]

Schönes, von Wassergräben umgebenes Herrenhaus, das zum Teil aus dem 14. Jh. stammt. *Ostern–Okt. Do–Mo 11–17 Uhr | £ 8,95. 12 km nördlich*

KNOLE PALACE [121 D3]

Einer der herausragenden Herrensitze ganz Englands, 380 Jahre lang im Besitz der Familie Sackville. Die Inneneinrichtung ist von ausgesuchter Schönheit. *April–Okt. Mi–So 12–16 Uhr | Eintritt £ 8,10. 21 km nördlich*

SISSINGHURST CASTLE [121 D–E4]

An diesem eleganten Landsitz im Tudor- und elisabethanischen Stil beeindruckt vor allem der von Vita Sackville-West geschaffene Park – eine Folge von zehn individuell gestalteten Gartenzimmern; besonders schön sind der Rosen- und der Frühjahrsgarten. *April–Okt. Fr–Di 11–18.30 Uhr | Eintritt £ 8,10 | Cranbrook. 23 km südöstlich*

TENTERDEN [121 E4]

Die schöne Kleinstadt wartet mit Antiquitätenläden und Restaurants auf und ist Startpunkt einer liebevoll gepflegten Dampfeisenbahn. Die *Kent & East Sussex Railway (Tel. 01580/76 51 55)* fährt durch eine reizvolle Landschaft nach Bodiam, wo man die Burg besichtigen kann *(Juni–Sept. tgl. außer Mo und Fr)*. Unterkunft: *Bishopsdale Oast*, bequeme Zimmer und hervorragendes Frühstück auf einer ehemaligen Hopfenfarm 5 km nördlich *(5 Zi. | Tel. 01580/29 10 27 | www.bishopsdaleoast.co.uk | €€). 37 km östlich*

WEALD [121 D4]

Diese Gegend hat Kent den Beinamen „Garten Englands" gegeben, eine Landschaft voller Obstgärten und malerischer Cottages, Schlösser und Herrenhäuser. Legen Sie eine Pause in *Penshurst Place* ein *(10 km nordwestlich von Tunbridge Wells)*, und bewundern Sie dort neben den Gärten auch die Innenausstattung der Salons und die *Baron's Hall* mit ihrem Gebälk aus Kastanienholz von 1340 *(Ostern–Okt. tgl. 10.30–18 Uhr | Eintritt £ 8,50 | www.penshurstplace.com)*.

WINDSOR

[120 B2] Seit 900 Jahren überschattet die mächtige königliche Burg die kleine Stadt an der Themse. Windsor Castle wurde zu einem Prachtschloss ausgebaut und dient heute als Wochenendresidenz der Queen und als Kulisse für Empfänge. Höhepunkt der Burg ist die *St. George's Chapel* aus dem 15. Jh., in der zehn Monarchen bestattet und Trauungen wie die von Charles und Camilla vollzogen wurden.

◼ SEHENSWÜRDIGKEITEN ◼

ETON COLLEGE

Seit der Gründung 1440 besuchten unzählige spätere Staatsmänner, Generäle, Schriftsteller und andere Be-

bein, Rubens und Van Dyck, das Puppenhaus der Königin Mary sowie eine Galerie mit wechselnden Ausstellungen aus den Beständen der umfangreichen königlichen Sammlung. *Tgl. 9.45–17.15 Uhr (Nov.–Feb. bis 16.15 Uhr) außer bei offiziellen Anlässen | Eintritt £ 14,80*

Hever Castle und seine schönen Gärten verdanken ihren Erhalt einem spendablen Amerikaner

rühmheiten – in letzter Zeit etwa die Söhne von Prinz Charles – diese exklusivste Privatschule des Landes. *April–Sept. tgl. 14–16.30 Uhr (ab 10.30 Uhr in den Schulferien) | Eintritt £ 4,20 | Führungen £ 5,50*

WINDSOR CASTLE

Schauen Sie doch mal, wie Königs wohnen: Öffentlich zugänglich sind kostbar möblierte Staatsräume des Palastes mit Gemälden u. a. von Hol-

WINDSOR GREAT PARK

Lohnend ist ein Spaziergang im südlich des Schlosses gelegenen *Great Park.* Im Südosten der Anlage befindet sich der herrliche *Savill Garden (tgl. 10–18 Uhr | Eintritt £ 7).*

◼ ESSEN & TRINKEN ◼

BROWNS RESTAURANT & BAR

Lebhaftes Lokal mit Blick auf die Themse. *The Promenade | Tel. 01753/83 19 76 | €*

■ ÜBERNACHTEN ■

RAINWORTH GUEST HOUSE

Komfortables B & B 3 km außerhalb der Stadt. *19 Zi. | Oakley Green Road | Tel. 01753/ 85 67 49 | Fax 85 91 92 | www.rainworthhouse.com | €*

■ FREIZEIT & SPORT ■

KREUZFAHRT AUF DER THEMSE

Im Sommer verbinden Schiffe Hauptorte zwischen Windsor und Oxford. Oder Sie mieten einen Kabinenkreuzer. Auskunft: *Tourist Information Centre* und *www.riverthames.co.uk*

■ AUSKUNFT ■

TOURIST INFORMATION CENTRE

Royal Windsor Central Station | Tel. 01753/74 39 00 | Fax 74 39 04 | www.visitthames.co.uk

■ ZIELE IN DER UMGEBUNG ■

BRAY [120 A2]

Das an der Themse gelegene Dorf Bray *(8 km westl.)* ist Englands kulinarische Hauptstadt, Standort von zwei der drei britischen Restaurants, die drei Michelin-Sterne im Schilde führen. In *The Fat Duck (High Street | Tel. 01628/58 03 33 | www.fatduck. co.uk | €€€)* kreiert Heston Blumenthal ausgefallene Gerichte, die er als „Molekulargastronomie" bezeichnet. Michel Roux in *The Waterside Inn (Ferry Road | Tel. 01628/62 06 91 | www.waterside-inn.co.uk | €€€)* pflegt französische Cuisine. Erschwinglicher ist das *Hinds Head Hotel (High Street | Tel. 01628/ 62 61 51 | €),* in dem Blumenthal zeigt, dass klassische Pub-Gerichte

Insider Tip

➤ BLOGS & PODCASTS

Gute Tagebücher und Files im Internet

➤ *http://reise.germanblogs.de* – Unter „Großbritannien" gibt es frische, oft ausführliche Berichte über bestimmte Orte und das Leben im Land.

➤ *www.blogs.de* – Geben Sie „Südengland", „Cornwall" oder einen Ortsnamen ein. Berichte von Deutschen, die in England wohnen oder reisen, aber auch Spezialthemen wie z.B. Stonehenge-Mystik, Natur, Literatur

➤ *www.welovelocal.com* – Für alle, die mit umgangssprachlichem Englisch klarkommen, Seiten mit Beiträgen meist junger Bewohner zum Alltagsgeschehen oder Nachtleben in ihrer Stadt. Geben Sie bei der Suchfunktion das Thema und die Stadt ein.

➤ *http://de.youtube.com* – „England" eingeben. Hier vernimmt man ungeschönt und ungefiltert die Stimme des Volkes: viel Sport, viel Skurriles, zuweilen auch über die unangenehmen Seiten des Lebens im Land.

➤ *http://ipod.wcities.com* – Downloads für den ipod zu den südenglischen Städten Bath, Brighton, Bristol und Plymouth. Infos zum Ausgehen, Essen gehen, Einkaufen, zu Hotels ...

➤ *www.visitbritain.co.uk* – Kurze und längere Videos in englischer Sprache über die wichtigsten Städte des Landes, darunter Bath und Bristol; Downloads mit Kostproben junger britischer Musiker

Für den Inhalt der Blogs & Podcasts übernimmt die MARCO POLO Redaktion keine Verantwortung.

auf sehr hohem Niveau zubereitet werden können.

GUILDFORD [120 B3]

Zwar ist die schwerfällige Kathedrale aus rotem Backstein erst knapp 50 Jahre alt, doch die Hauptstraße Guildfords (130000 Ew.), die *High Street*, säumen alte Fachwerkbauten. Werfen Sie einen Blick auf *Guildford House, Guildhall* (1683), das *Archbishop Abbot's Hospital* (1619), die *King Edward VI Grammar School* (1586) und auf das Grab von Lewis Carroll („Alice im Wunderland"), bevor Sie den ☀ Hügel erklimmen, um die schöne Umgebung zu bewundern. Auf dem Weyfluss können sie Bootsfahrten unternehmen *(Guildford Boat House Ltd. | Tel. 01483/ 50 44 94 | www.guildfordboats.co. uk). Auskunft: Tourist Information Centre | 14 Tunsgate | Tel. 01483/ 44 43 33 | Fax 30 20 46 | www.guild ford.gov.uk. 40 km südlich*

Insider Tipp

HENLEY-ON-THAMES ▶▶ [120 A2]

Die wohlhabende kleine Stadt (15000 Ew.) 25 km westlich von Windsor ist ein angenehmer Ausgangspunkt für schöne Ausflüge im grünen Tal der Themse. Seit 1839 trifft sich Adel und Geldadel hier zu den Ruderrennen Anfang Juli. Übernachtung: Teuer, aber sehr stilvoll ist das *Hotel du Vin & Bistro (43 Zi. | New Street | Tel. 01491/84 84 00 | www.hotelduvin.com | €€€)*. Bescheidener, aber mit Charakter: *Flower Pot Hotel (6 Zi. | 3 km östlich in Aston | Tel. 01491/57 47 21 | €€)*. Ein gutes Restaurant hat die historische Herberge *Red Lion (Tel. 01491/ 57 21 61 | €€)*, einfacher isst man im

In Henley-on-Thames trifft sich, was Rang, Namen und Geld hat, zum Ruderrennen

Pub *The Angel* mit Terrasse am Fluss. Wie so oft in England liegen stimmungsvolle Pubs mit guter Küche in kleinen Orten auf dem Lande, z. B. *The Crooked Billet* in Stoke Row *(8 km westlich | Tel. 01491/61 80 48 | €€)*. Unter niedrigen Deckenbalken der 1642 erbauten Kneipe gibt es Deftiges und Feines.

POLESDEN LACEY [120 B3]

Von diesem herrlichen Wohnsitz im Regency-Stil (1824) werden Sie besonders die Rosenhecke, die Bäume im Park, das französische Mobiliar und die Gemäldegalerie in Erinnerung behalten. *Ostern–Okt. Mi–So 11–17 Uhr | Eintritt £ 9,50 | Leatherhead. 40 km südöstlich*

> MARITIMES ENGLAND

Von der Halbinsel Swanage zu den blauen Steinen von Stonehenge

> „Englands Süden" besteht aus vier sehr unterschiedlichen Grafschaften: Hampshire, Dorset, South Wiltshire und der Insel Wight. Hier liegen die großen Kriegs- und Handelshäfen Portsmouth und Southampton, Badeorte wie Bournemouth, Weymouth und Poole, die kräftig an ihrem Image gearbeitet haben.

Anheimelnd ist die Isle of Wight, sie ist England im Kleinformat. Erkunden Sie auch die geheimen Winkel der Küste, die Halbinsel Swanage (Isle of Purbeck) und die sanfte Landschaft, in der Jane Austen und Thomas Hardy ihre Romane angesiedelt haben.

BOURNE-MOUTH

[119 D5–6] Die elegante Stadt ist das schönste britische Seebad. 10 km Sandstrand sowie Auszeichnungen für gute Wasserqualität und die besten Strände haben

Bild: am Fährhafen von Portsmouth

DER SÜDEN

zum guten Image beigetragen. Bournemouth (265 000 Ew.) ist bekannt für seine Parks, guten Hotels und Restaurants, das *Pavilion Theatre* und sein Sinfonieorchester. Bournemouth und der Nachbarort Boscombe sind auch Surferziele: 2008 wird ein <mark>künstliches Riff</mark> eingeweiht, dass die Höhe der Wellen verdoppeln soll. Die einst als muffig verschriene Stadt entwickelt gar eine lebhafte junge ▶▶ Musikszene.

<mark>Insider Tipp</mark>

■ SEHENSWERTES ■

RUSSELL-COTES
ART GALLERY & MUSEUM
Villa mit Seeblick. Kunsthandwerk aus Afrika und Fernost. *Di–So 10–17 Uhr | Eintritt frei | East Cliff*

■ ESSEN & TRINKEN ■

WEST BEACH
Hervorragende Fischgerichte wie tgl. frisch gefangene Dorset-Krebse und Jakobsmuscheln, die nicht aus Züch-

<mark>Insider Tipp</mark>

tungen stammen. Fischgrill auf der
🌼 Terrasse mit Strandblick. *Tel.
01202/58 77 85 | www.west-beach. co.
uk | €*

■ ÜBERNACHTEN

Wählen Sie möglichst ein Hotel an
der Steilküste, etwa *Carlton, Suncliff,*

Ein Bewohner des New Forest

Cumberland oder *Miramar (East
Overcliff Drive).* Eine Seilbahn gewährt direkten Zugang zum Strand.

BOURNEMOUTH BACKPACKERS HOSTEL

Kleine (19 Betten), aber gut ausge-
stattete Herberge, eine Alternative zu
einem billigen B & B. *3 Frances
Road | Tel. 01202/29 94 91 | www.
bournemouthbackpackers.co.uk | €*

LANGTRY MANOR

Historisch, romantisch. König Ed-
ward VII. hat 1877 das Anwesen für
seine Geliebte Lillie Langtry als Lie-
besnest gebaut. Jedes der sechs Zimmer ist individuell gestaltet. *26 Derby
Road | East Cliff | Tel. 01202/29 05 50
| www.langtrymanor.co.uk | €€€*

■ FREIZEIT & SPORT

DORSET BELLES

Bootsfahrten zur Halbinsel Swanage
und zur Insel Wight. *Pier Approach |
Tel. 01202/55 85 50*

OCEANARIUM

Die sieben Wunder der Unterwasser-
welt mit Lebewesen aus vier Konti-
nenten können hier erforscht werden.
*Tgl. 10–18 Uhr | Eintritt £ 8 | Tel.
01202/31 19 93 | West Beach | Pier
Approach*

■ AUSKUNFT

TOURIST INFORMATION CENTRE

*Westover Road | Tel. 0845/051 17 00
| www.bournemouth.co.uk*

■ ZIELE IN DER UMGEBUNG

LYMINGTON   [119 E5]

Kleiner, gut geschützter Badeort, von
dem aus man sich auf die Insel Wight
übersetzen lassen kann. Unterkünfte
sind zu haben in viktorianischen Villen, relativ günstigen Pensionen (*z. B.
The Bay Trees | 5 Zi. | 8 High Street |
Milford-on-Sea | Lymington | Tel.
01590/64 21 86 | www.baytreebed
andbreakfast.co.uk | €*) oder im Lu-
xushotel: *Chewton Glen (59 Zi. | Tel.*

01425/27 53 41 | Fax 27 23 10 | www.chewtonglen.com | €€€). 30 km östlich

NEW FOREST ⭐ [119 E5]

Ursprünglich ein altes, den Königen vorbehaltenes Jagdrevier, ist der New Forest (160 000 Ew.), heute Nationalpark: eine bukolische, abwechslungsreiche Landschaft mit Heide und dichten Wäldern, traditionellen Strohdachhütten, wilden Ponys und Wanderpfaden. Besuchen Sie *Buckler's Hard* – ein Dorf aus dem 18. Jh. –, *Exbury Gardens,* wo Sie besonders im Juni die Rhododendren der Familie Rothschild bewundern können *(tgl. 10–17.30 Uhr | Eintritt £ 7,50),* und das pittoreske Dorf *Beaulieu.* Hauptort der Gegend ist Lyndhurst mit dem *New Forest Museum & Visitor Centre (Tel. 023/ 80 28 22 69 | www.thenewforest.co. uk).* Unterkunft: *Bridge House | 3 sehr gepflegte Zi. | Lyndhurst Road | Brockenhurst | Tel. 01590/62 31 35 | Fax 62 39 16 | www.bridgehouse* newforest.co.uk | €. 20 km nordöstlich

POOLE [119 D5–6]

Dies ist das – sehr touristische – Paradies für Segler und Badeurlauber: eine riesengroße Reede mit schönen Stränden wie *Sandbanks* und *Canford Cliffs.* Zum Einkaufen stehen Ihnen das *Dolphin Centre* sowie die berühmte, 1873 gegründete *Poole Pottery* offen *(tgl. 9.30–17 Uhr | The Quay).* Der angenehmste Ort in Poole ist jedoch der 1919 angelegte *Compton Acres Park,* bestehend aus zehn verschiedenen Gärten *(Canford Cliffs Road | März–Okt. tgl. 9–18 Uhr). Auskunft: The Quay | Tel. 01202/25 32 53 | Fax 26 26 33 | www.pooletourism. com. 10 km westlich*

CHICHESTER

[120 A5] Chichester (28 000 Ew.) ist eine hübsche Stadt, die man zu Fuß besichtigen kann. Nur auf diese Weise gelangt man auch zur *Kathedrale* und entdeckt den

MARCO POLO HIGHLIGHTS

⭐ **Salisbury**
Anglikanische Bischofsstadt unweit der Megalithen (Seite 55)

⭐ **Winchester College**
Älteste Privatschule des Landes (Seite 59)

⭐ **New Forest**
Bukolische Landschaft mit wilden Ponys (Seite 49)

⭐ **Stonehenge**
Weltberühmter Steinkreis (Seite 56)

⭐ **Corfe Castle**
Romantisch-düstere Burgruinen (Seite 57)

⭐ **Petworth House**
Herrlicher Palast, tolle Gemälde (Seite 51)

⭐ **Shaftesbury**
Malerische Häuser am Gold Hill (Seite 56)

⭐ **Isle of Purbeck**
Kleine Buchten, Kreidekliffe und der Strand von Studland (Seite 58)

Priory Park sowie die fast geheimen Wege, die zum Kreuzgang führen. Auch die Stadtanlage ist interessant: Das Zentrum behielt den rechtwinkligen Grundriss der Römerzeit, während das *Pallant-Viertel* nach den kühnen Plänen des 18. Jhs. angelegt wurde.

■ SEHENSWERTES

KATHEDRALE
Erbaut zwischen 1090 und 1184. Beachten Sie das Chorgestühl, die Chorschranken, die Sarkophage, die Reliefs aus dem 12. Jh. und die Mosaikfragmente des 2. Jhs. *Tgl. 7.30–17, im Sommer bis 19 Uhr | West Street*

PALLANT HOUSE
An diesem Haus, erbaut 1712, beeindruckt vor allem die Küche – sie ist einfach entzückend! Die übrigen Räume beherbergen eine erstklassige Sammlung britischer Kunst des 20. Jhs. *Di–Sa 10–17.15, So 12.30–17 Uhr | 9 North Pallant*

■ ESSEN & TRINKEN

CAFÉ COCO
Hier gibt es verschiedene Fleischgerichte, junges Gemüse, Salate. *13 South Street | Tel. 01243/78 69 89 | €*

CHANTERELLE
Englische und internationale Küche. *149 St Pancras | Tel. 01243/78 62 14 | €€€*

■ ÜBERNACHTEN

FRIARY CLOSE
Historisches georgianisches Haus an der Stadtmauer mit schönem Garten. *3 Zi., 38 Friary Lane | Tel. 01243/52 72 94 | Fax 53 38 76 | www.friary close.co.uk | €*

SUFFOLK HOUSE HOTEL
Bau im georgianischen Stil im Zentrum der Stadt. *11 Zi., 3 East Row | Tel. 01243/77 88 99 | Fax 78 72 82 | www.suffolkhousehotel.co.uk | €€*

■ AUSKUNFT

TOURIST INFORMATION CENTRE
29A South Street | Tel. 01243/77 58 88 | Fax 53 94 49 | www.visit chichester.org

■ ZIELE IN DER UMGEBUNG

ARUNDEL [120 B5]
Das prächtige neugotische Schloss mit schönem Park, Wohnsitz der Herzöge von Norfolk, wurde im 18. Jh. aus den Steinen der sächsischen Burg erbaut, die zuvor hier gestanden hatte. Im Innern gibt es Wandteppiche, Familienporträts sowie französische Möbel zu sehen. *Ostern–Okt. Di–So 10–17 Uhr. 18 km östlich*

FISHBOURNE ROMAN PALACE AND MUSEUM [120 A5]
Der römische Palast des Tiberius Claudius Cogidubnus wurde ca. 75 n. Chr. erbaut. Schöne Mosaikböden und Reste der unterirdischen Öfen zum Heizen der Bäder. *Tgl. 10–17, Nov.–Feb. bis 16 Uhr | Eintritt £ 7 | Salthill Road | 3,5 km westlich*

GOODWOOD HOUSE [120 A5]
Das Anwesen des 10. Herzogs von Richmond: 48,5 km^2 Land und ein vornehmer Herrensitz aus dem 18. Jh. mit reicher Gemäldesammlung (van Dyck, Canaletto, Gainsborough; *Mai– Sept. So/Mo 13–17, Aug. So–Do 13– 17 Uhr | Eintritt £ 8,50)*. Das *Weald & Downland Open Air Museum* liegt 2 km nördlich nahe Singleton: eine Ge-

Petworth House beherbergt eine wertvolle Gemäldesammlung

legenheit, die traditionelle Architektur des Südostens (Bauernhaus, Wassermühle, Schmiede) kennen zu lernen. *März–Okt. tgl. 10.30–18 Uhr | Eintritt £ 8,50. 8 km nordöstlich*

PETWORTH HOUSE ⭐ [120 B4]

Der Palast aus dem 17. Jh., umgebaut im 19. Jh., birgt eine großartige Gemäldesammlung (u. a. Bosch, Turner). Der *Hirschpark* ist ein kleines Meisterwerk Lancelot 'Capability' Browns. *Ostern–Okt. Sa–Mi 11–17 Uhr | Eintritt £ 8,60. 24 km nordöstlich*

ISLE OF WIGHT

[119 E–F 5–6] „Die Insel" ist eine eigenständige Grafschaft mit Burg- und Klosterruinen, römischen Villen, alten Landsitzen *(Arreton)*, reetgedeckten Cottages *(Shanklin)*, schönen Gärten und Wassermühlen *(Calbourne)*. Vom Fußweg aus,

der rund um die Insel führt, können Sie die ganze Vielfalt der Landschaft entdecken: die Flachküste im Norden, hohe Kreidekliffe im Süden und die großartigen Ausblicke von *Freshwater Cliffs, Culver Cliffs, St. Catherine's Point* und ☀ *The Needles*. Sie werden feststellen, dass Wight (377 km^2) eine Art England im Miniaturformat ist.

■ SEHENSWERTES

CARISBROOKE CASTLE [119 F6]

Die zur Normannenzeit errichtete Burg wurde im 16. Jh. umgebaut, um einer spanischen Invasion entgegentreten zu können. Schönes Panorama ☀ vom Wachtturm aus. *Tgl. 10–18, Okt.–März bis 16 Uhr | Eintritt £ 5,60. 2,5 km südwestlich von Newport*

OSBORNE HOUSE [119 F5]

Dieses Haus aus dem Jahr 1846 war die Sommerresidenz von Prinz Albert und Königin Victoria. Die der Königin von indischen Fürsten gemachten Geschenke sind hier ebenso ausgestellt wie die 23 Ölporträts ihrer Lieblingshunde. *Tgl. 10–18, Okt.–März Mi–So 10–16 Uhr | Eintritt £ 9,80. 3 km von Cowes entfernt*

■ ESSEN & TRINKEN ■

Schickes Lokal mit Fisch und Meeresfrüchten in hervorragender Qualität: *The Pond Café (Tel. 01983/85 56 66 | €€)* im Bilderbuchdorf Bonchurch. Zwei Küstenpubs mit Küche sind *The Crab and Lobster (Tel. 01983/87 22 44 | €)* in Bembridge, und *The Spyglass Inn (Tel. 01983/85 53 38 | €)* in Ventnor.

Insider Tipp Halten Sie Ausschau nach den wunderbaren Eis- und Sorbetsorten der Firma Minghella, die im kleinen Ort Wootton hergestellt und überall auf der Insel verkauft werden. Die Firma setzt nur natürliche Zutaten ein und stellt kreativ gewürzte Sorten mit fantasievollen Namen wie *Ice Dragon* und *White Tiger* her.

■ ÜBERNACHTEN ■

BOURNE HALL [119 F6]
30 Komfortzimmer mit Garten, Jacuzzi, Sauna. *Luccombe Road | Shanklin | Tel. 01983/86 28 20 | Fax 86 51 38 | www.bournehallhotel.co. uk | €€€*

NEWNHAM FARM [119 F5]
Ausgezeichnetes B & B in einem Haus aus dem 17. Jh., wunderschön gelegen. *2 Zi. | Newnham Lane | Binstead | Ryde | Tel./Fax 01983/88 24 23 | www.newnhamfarm.co.uk | €*

■ FREIZEIT & SPORT ■

Wer mit der Weltumseglerin Ellen MacArthur mithalten will, ist hier richtig. Segeln, Windsurfen, Kanufahren, Kurse für jede Stufe und jedes Alter werden geboten *(Cowes | UK Sailing Academy | Tel. 01983/29 49 41 | www.uksa.org)*. Auch für Abenteuersportarten wie Paragleiten, Drachenfliegen und Kitesurfen bietet die Insel gute Bedingungen *(High Adventure | Tel. 01983/75 23 22 | www.high-ad*

Traumrevier nicht nur für passionierte Segler: die Isle of Wight

venture.uk.com). Wer festen Boden unter den Füßen vorzieht, findet viele Küstenwanderwege. Sehr bevölkerte Strände sind die von *Ryde, Sandown* und *Shanklin* (ideal für Kinder) sowie *Seaview,* dessen eduardianischen Charme man rühmt, und *Freshwater Bay.* Machen Sie einen Abstecher zum „sehr italienischen" *Ventnor,* zur *Brompton Bay (*sehr schön) und zur *Totland Bay* (gut geschützt).

Insider Tipp

■ AUSKUNFT

TOURIST OFFICE [119 F6]
The Guildhall | High Street | Newport. Tel. 01983/81 38 18 | www.is landbreaks.co.uk

ANREISE ZUR ISLE OF WIGHT
Fahrzeuge: Portsmouth–Fishbourne (35 Min.). Fahrzeuge und Fußgänger: Lymington–Yarmouth (30 Min.). Fußgänger: Portsmouth–Ryde (15 Min.). Abfahrt aller drei Fähren stündlich (in Stoßzeiten öfter) | Tagesticket Auto inkl. Personen ab £ 30 | Tel. 0871/376 43 42 | www.wight link.co.uk oder Tel. 0844/844 99 88 | www.redfunnel.co.uk

PORTSMOUTH
[119 F5] **Portsmouth (190000 Ew.) wurde von 1496 an zum Kriegshafen ausgebaut und ist bis heute die wichtigste Basis der Royal Navy.** Es gibt Docks, Arsenale und schöne Schiffe wie die „Mary Rose" (1511), die „Warrior" (1860) und die „Victory" (1778). Mehrere Millionen wurden investiert, um das Hafenviertel *Gunwharf Quays* hypermodern auszubauen. Machen Sie einen Spaziergang durch die Altstadt und über die Rasenflächen von Southsea.

■ SEHENSWERTES
D-DAY MUSEUM
Alles über den „D-Day" und die Normandielandung der Alliierten im Juni 1944. *Tgl. 10–17.30 Uhr | Eintritt £ 6 | Clarence Esplanade*

DICKENS' BIRTHPLACE MUSEUM
Im eingemeindeten Landport befindet sich das Geburtshaus des berühmten Dichters, ausgestattet mit Regency-Mobiliar, Porträts und anderen Erinnerungsstücken. *April–Okt. tgl. 10–17 Uhr | Eintritt £ 3,50 | 393 Old Commercial Road*

H.M.S. VICTORY
Das Schiff Admiral Nelsons ist Portsmouth' größte Sehenswürdigkeit. Mit 104 Kanonen sowie 850 Offizieren und Seeleuten an Bord bestand es die Schlacht von Trafalgar (1805). *Tgl. 10–17.30 Uhr | Eintritt £ 12, für alle drei Schiffe, auch Mary Rose und Warrior £ 16,50 | Historic Dockyard*

■ ESSEN & TRINKEN
BISTRO MONTPARNASSE
Insider Tipp
Schick und köstlich. Spezialität: schottischer Lachs in Blutorangensauce. *19–22 Uhr | 103 Palmerston Road | Tel. 023/92 81 67 54 | €€€*

LOCH FYNE BAR AND GRILL
Fisch und Meeresfrüchte zu vernünftigen Preisent. *Gunwharf Quay | Tel. 02392/ 77 80 60 | €–€€*

■ ÜBERNACHTEN
FORTITUDE COTTAGE
Vier Zimmer im charaktervollen Gästehaus am Wasser. *51 Broad Street | Tel./Fax 023/92 82 37 48 | www.fortitudecottage.co.uk | €*

QUEEN'S HOTEL ✲

Ein stattliches Etablissement mit eduardianischem Ambiente. *74 Zi. | Clarence Parade | Tel. 023/92 82 24 66 | Fax 92 82 19 01 | www. queenshotel-southsea.co.uk | €€*

■ AUSKUNFT ■

TOURIST INFORMATION CENTRE
The Hard | Tel. 023/92 82 67 22 | Fax 92 82 75 19 | www.visitportsmouth. co.uk

■ ZIEL IN DER UMGEBUNG ■

SOUTHAMPTON [119 E–F5]
Southampton (218 000 Ew.) ist seit dem Mittelalter ein wichtiger Handelshafen. Von Southampton lief die Titanic aus, und Kreuzfahrtschiffe sind hier weiterhin zu sehen. Die Universitätsstadt, die schwere Kriegsschäden erlitt, bietet ein breites kulturelles Angebot. Von den Cafés und Restaurants des *Ocean Village* aus kann man das Geschehen im Hafen beobachten.

Southampton Maritime Museum, Wool House, Town Quay. Alles über den Hafen und die Titanic in einem mittelalterlichen Lagerhaus *(Di–Sa 10–16, So 13–16 Uhr | Eintritt £ 2)*. Die Besucherattraktion *Solent Sky* zeigt die Geschichte der Luftfahrt. Besucher können das *Sandringham Flying Boat* betreten und die Geschichte der legendären *Spitfire* nachvollziehen *(Di–Sa 10–17, So 12–17 Uhr | Eintritt £ 5 | Albert Road South)*. Kulinarisch

> BÜCHER & FILME

Hinter den Kulissen südenglischer Landhäuser

> **Jamaica Inn** – Spannende Schmugglergeschichte von Daphne Du Maurier (1936) im Cornwall des 19. Jhs. Der namensgebende Pub am Bodmin Moor existiert noch – die Inspiration hatte Du Maurier, als sie sich auf dem Moor im Nebel verirrte und im angeblich von Gespenstern bewohnten Jamaica Inn Zuflucht suchte.

> **Reif für die Insel** – Der amerikanische Journalist Bill Bryson ist mit einer Engländerin verheiratet und lebt seit Jahrzehnten auf der Insel. In seinem Buch schildert er humorvoll seine Erfahrungen – liebevoll, aber auch mit kritischer Distanz.

> **Stolz und Vorurteil** – Verfilmung des Romans von Jane Austen (1813) von Joe Wright mit Keira Knightley in der Hauptrolle (2005). Elisabeth, mittellos, aber stolz, klug und schlagfertig gewinnt allen gesellschaftlichen Konventionen zum Trotz den reichen und ebenso stolzen Mr. Darcy für sich. Herrensitze wie *Groombridge Place* bei Tunbridge Wells und *Wilton House* bei Salisbury dienten als Kulisse.

> **Die Queen** – Blick hinter die Kulissen in der königlichen Familie – eine Art Dokudrama von Stephen Frears über die Woche nach dem Tod von Prinzessin Diana, genau recherchiert und wunderbar gespielt, v. a. von Helen Mirren als Königin Elizabeth (2006).

> **Abbitte** – Brillant gespielte Story über die Ereignisse in einem englischen Landhaus kurz vor dem Zweiten Weltkrieg, als sich eine der Töchter in einen armen Mann verliebt. Regie führte Joe Wright (2007).

Ein Wunderwerk englischer Gotik: das Innere der Kathedrale von Salisbury

hat die Stadt wenig zu bieten. *Oxfords Bar & Restaurant (35 Oxford Street | Tel. 023/80 22 44 44 | €€)* serviert gute internationale Küche im ansprechenden Ambiente. *32 km westlich*

SALISBURY

[119 D–E4] ⭐ **Falls Sie jemals von einem friedlichen Städtchen (37 000 Ew.) an den Gestaden eines Flusses inmitten der grünen englischen Landschaft geträumt haben, dann finden Sie es hier.** In Salisbury, Hauptstadt der Grafschaft Wiltshire, seinerzeit durch den Wollhandel zu Wohlstand gelangt, strahlt alles heitere Ruhe aus: die Cottages mit ihrem Fachwerk, die Häuser aus Backstein und Kieseln, die historischen Pubs und Inns, das leise Geplätscher des Avon und die ehrwürdigen Bäume des *Old Sarum*; der Vorläufer dieser freundlichen Marktstadt *(tgl. 10–16 Uhr)* liegt nur 3 km nördlich.

■ SEHENSWERTES

THE CLOSE

Die Rasenflächen und die alten, hinter Kirschbäumen verborgenen Häuser bilden eine schöne Einheit, die man *The Close* nennt, die Umfriedung der Kathedrale. Interessante Häuser sind *The Gatehouse, The Wardrobe, King's House, North Canonry* und vor allem *Mompesson House* mit seinen Holztäfelungen und seiner Glassammlung. *Ostern–Okt. Sa–Mi 11–17 Uhr | Eintritt £ 4,50*

KATHEDRALE

Die Kathedrale von Salisbury, 1220 bis 1258 in einem Zug gebaut, besticht durch die schöne Einheit ihres frühgotischen Stils. Der Kirchturm ist mit stattlichen 123 m der höchste ganz Englands. Beachten Sie v.a. die Grisaillemalereien der Fenster, die Grabmäler, den herrlichen gotischen Kreuzgang von 1270 und den Kapitelsaal von 1284. *The Close | tgl. 7.15–18.15 Uhr | Eintritt £ 5*

◾ ESSEN & TRINKEN

JADE

Überdurchschnittlich gutes kantonesisches Restaurant. *109a Exeter Street | Tel. 01722/33 33 55 | €*

LXIX

Bistrostil und gute Stimmung nahe der Kathedrale. *69 New Street | Tel. 01722/34 00 00 | €€*

◾ EINKAUFEN

WATSONS

Porzellane von Portmeirion (lassen Sie sich die Serien „Pomona" und „Botanic Garden" zeigen) in einem reizenden Haus aus dem Jahr 1425. *Queen Street*

◾ ÜBERNACHTEN

RED LION HOTEL 🔊

Die vielleicht älteste Herberge Englands bot schon im 13. Jh. den Steinmetzen der Kathedrale Logis. Heute gibt es modernen Komfort. *51 Zi. | Milford Street | Tel. 01722/32 33 34 | www.the-redlion.co.uk | €€–€€€*

◾ AUSKUNFT

TOURIST INFORMATION CENTRE

Fish Row | Tel. 01722/33 49 56 | Fax 42 20 59 | www.visitwiltshire.co.uk

◾ ZIELE IN DER UMGEBUNG

SHAFTESBURY ⭐   **[118–119 C–D4]**

Malerisches Städtchen hoch über dem Tal von Blackmoor, mit gepflasterten Straßen, die sich den Gold Hill hinaufwinden. *35 km westlich*

STONEHENGE ⭐   **[119 D4]**

Die monumentale Anordnung gigantischer Steine (2800 v. Chr.) ist der bedeutendste und wohl meist besuchteste prähistorische Ort Englands. Den äußeren Kreis bilden Sandsteinblöcke aus der Umgebung. Der innere Kreis setzt sich aus Blöcken bläulichen Gesteins zusammen, die aus dem 385 km entfernten Wales stammen. Der Block in der Mitte zeigt den Punkt am Horizont an, wo die Sonne bei der Sommersonnenwende aufgeht. Die südöstlich und nordöstlich aufgestellten Steine bezeichnen den Sonnenaufgang bei der Wintersonnenwende. *Tgl. 9.30–18, im Winter bis 16 Uhr | Eintritt £ 6,30 | 15 km nördlich*

WEYMOUTH

[118 C6] Der Badeort (40 000 Ew.) verdankt vieles König Georgs III., der sich ab 1789 aus medizinischen Gründen regelmäßig hier aufhielt. Während der schwermütige König seine tägliche Ration frischer Luft zu sich nahm, vergnügte sich die *gentry* auf den Yachten und in den umliegenden Schlössern. Ein paar georgianische Fassaden am Strand sind geblieben, ebenso einige alte Häuser wie das *Tudor House* in der *Trinity Street.* Lohnend ist ein Spaziergang durch den alten Hafen und auf dem *Brewers Quay.*

◾ ESSEN & TRINKEN

FISH'N'FRITZ

Das Nationalgericht *Fish'n'Chips* in gehobener Qualität. *9 Market Street | Tel. 01305/76 63 86 | €*

◾ ÜBERNACHTEN

SUNNYSIDE GUESTHOUSE

Sechs Zimmer direkt am Meer. *15 Brunswick Terrace | Esplanade | Tel. 01305/78 63 58 | www.sunnyside weymouth.co.uk | €*

AUSKUNFT

TOURIST INFORMATION CENTRE
The Esplanade | Tel. 01305/78 57 47 | Fax 78 80 92 | www.weymouth.gov.uk

ZIELE IN DER UMGEBUNG

ABBOTSBURY [118 B6]

Insider Tipp

Hübsches Dorf mit reetgedeckten Häusern, subtropischen Gärten und den Ruinen einer Abtei. *Abbotsbury Oysters* ist eine für Meeresfrüchte sehr beliebte Adresse *(Tel. 01305/ 78 88 67 | €€)*. Komfortabel übernachtet man in einem Haus aus dem 15. Jh.: *The Abbey House (5 Zi. | Church Street | Tel. 01305/87 13 30 | www.theabbeyhouse.co.uk | €–€€)*. Höhepunkt ist die einmalige Schwanenfarm, die von 600 Schwänen bevölkert wird. *Swannery | tgl. 10–18 Uhr | Eintritt £ 8,50 | New Barn Road. 15 km nordwestlich*

CORFE CASTLE ⭐ [119 D6]

Alte Häuser aus grauem Stein, überragt von den Ruinen einer sächsischen Burg mit düsterer Geschichte: Hier wurde König Eduard im Jahr 978 von seiner Stiefmutter ermordet. *April– Okt. tgl. 10–18, Nov.–März tgl. 10–17 Uhr | Eintritt £ 5. 32 km östlich*

DORCHESTER [118 C5–6]

Alles hier ist entzückend: die Häuser der *High East Street* und der *High West Street,* das *Amphitheater* von Maumbury, die Promenade *The Walks,* das örtliche Museum und das Cottage, in dem Thomas Hardy 1840 geboren wurde *(Weiler Upper Bockhampton | 5 km nordöstlich | Do–Mo 11–17 Uhr).* Das *Bistro Sienna (36 High West Street | Tel. 01305/ 25 00 22 | €€)* ist für Abendessen die beste Adresse. *14 km nördlich*

Megalithen und Menhire aus Englands Prähistorie: Stonehenge

ISLE OF PURBECK ★ [119 D6]
So wird die Halbinsel Swanage genannt. Es gibt dort traumhafte Wäldchen wie Lulworth, schöne Kreidesteilküsten, spektakuläre Felsen *(Durdle Door, Old Harry Rocks)* und einen der schönsten Strände Südenglands: Insider Tipp *Studland Bay.* Unterkunft: *Grand Hotel (30 Zi. | 12 Burlington Road | Swanage | Tel. 01929/233 53 | Fax 42 70 68 | www.grandhotelswanage.co.uk | €€€).* *Shell Bay Seafood Restaurant (Ferry Road | Studland | Tel. 01929/45 03 63 | €€)* bietet gute Küche und ein herrliches Panorama. *40 km östlich*

> LOW BUDGET

- Die örtliche Busgesellschaft bietet für nur £ 3,50 das Tagesticket *Day Rider* an. Damit ist viel Sehenswertes im Raum Bournemouth-Poole-Christchurch erreichbar. Info: *Tourist Office* und *www.wdbus.co.uk*
- „Farmers Markets" sind ein Segen für Selbstversorger: beste Lebensmittel der Region, direkt und günstig vom Erzeuger. Essen Sie fertige Gerichte vor Ort oder kaufen Sie für ein Picknick ein, z. B. in Winchester jeden zweiten Samstag *(Middle Brook Street / 9–14 Uhr).* Info: *www.hampshirefarmersmarkets.co.uk*
- Viele englische Kathedralen wie die von Salisbury etwa pflegen ihre hervorragende Musiktradition und betreiben eigene Chorschulen. Wer den Gottesdienst besucht, erlebt ein kurzes kostenloses Konzert und spart zudem das Eintrittsgeld. Salisbury: *Evensong (Abendmesse) Mo–Sa 17.30, So 15 Uhr*

LYME REGIS [118 B5–6]
Der sehr malerische Hafen- und Badeort mit Regency-Atmosphäre wird von Fossiliensammlern gern aufgesucht. 1811 wurde ein komplettes Saurierskelett nach einem Erdrutsch an den Klippen gefunden. Unterkunft mit historischem Flair findet man in *Clappentail House (3 Zi. | Uplyme Road | Tel. 01297/44 57 39 | Fax 44 47 94 | €€).* Insider Tipp *The Town Mill:* Deftige Gerichte werden in dieser restaurierten Wassermühle serviert *(Mill Lane | Tel. 01297/44 57 57 | mittags €, abends €€). 55 km westlich*

WINCHESTER

[119 F4] **Ein ausgesprochen friedlicher Ort (96 000 Ew.), der einst Hauptstadt gleich dreier sächsischer Könige war.** Backsteinfassaden gruppieren sich um den *Cheyney Court,* die Überreste der königlichen Burg *(Great Hall)* und das alte Stadttor *(Westgate).* In der Burg hängt an der Wand jener Tisch, um den sich einst angeblich die Ritter der Tafelrunde von König Artus versammelten – wenn Sie den alten Sagen Glauben schenken mögen.

SEHENSWERTES

KATHEDRALE
Nach dem Petersdom ist die Kathedrale von Winchester mit ihren 164 m die längste Kirche Europas. Die Fassade, das Langhaus und die Marienkapelle wurden im gotischen Perpendikularstil errichtet, die Querschiffe, der Turm und die Krypta dagegen stammen von dem romanischen Vorgängerbau. Die Bibliothek birgt eine kostebare kolorierte Bibel aus dem 12. Jh.

DER SÜDEN

WINCHESTER COLLEGE

Das College wurde 1382 von Bischof William of Wykeham gegründet. Es ist das älteste der sogenannten *Sacred Nines*, der neun renommiertesten Public Schools Englands. *Führungen 10.45 und 12, außer Di/Do auch 14.15 und 15.30 Uhr | Eintritt £ 3,50 | College Street*

ESSEN & TRINKEN
OLD VINE

In dieser Herberge aus dem 18.Jh. mit dunklen Eichenbalken und prasselndem Kaminfeuer werden herzhafte Gerichte serviert. *8 Great Minster Street | Tel. 01962/85 46 16 | €€*

THE WYKEHAM ARMS

Der historische Pub bietet seinen Gästen außer den 14 komfortablen Zimmern *(€€–€€€)* auch britische Küche der gehobenen Klasse *(€€€)*. *75 Kingsgate Street | Tel. 01962/85 38 34*

ÜBERNACHTEN
LAINSTON HOUSE

Schönes Landhaus mit Restaurant im großen Park inklusive malerischer

Im friedlichen kleinen Winchester residierten einst die sächsischen Könige

Ruine und herrlichem Blick auf die Landschaft. *37 Zi. | Sparsholt (4 km außerhalb) | Tel. 01962/77 60 88 | Fax 77 66 72 | www.lainstonhouse. com | €€€*

AUSKUNFT
TOURIST INFORMATION CENTRE

Guildhall | Broadway | Tel. 01962/84 05 00 | Fax 85 03 48 | www.visit winchester.co.uk

> WEST COUNTRY

Die Sommerfrischen an der englischen Riviera,
die Hügel von Devon und das helle Gestein von Bath

> Für viele Briten ist „West Country" gleichbedeutend mit Stränden und Badeorten. Sie denken an Torquay, die englische Riviera, die rote Steilküste von Dawlish und die Bucht von Woolacombe.

Aber West Country ist auch ein struppiges Gehölz voller Torfmoore, eine grüne, hügelige Landschaft mit Mostäpfeln, Schlüsselblumen, Johannisbeersträuchern und Weidenhecken. Es bedeutet Landsitze und Reetdachhäuser, alte Pubs wie in Topsham und Pfahlbaudörfer wie Meare und Godney. Erkunden Sie auf Ihrer Reise durch die Grafschaften Devon und Somerset das traditionelle England. Und nehmen Sie sich Zeit für die eleganteste Stadt dieser Region: Bath.

BATH

[118 C3] ⭐ „Bath" ist das englische Wort für Bad. Wegen der heilkräftigen Thermalquelle, die hier seit Urzeiten aus

Bild: Hügellandschaft im Exmoor Nationalpark

DER
WESTEN

dem Boden sprudelt, begab sich die gute Gesellschaft – angefangen bei der römischen – an diesen Ort, um den Wassern zu frönen. Die Stadt (84 000 Ew.), die zum kulturellen Welterbe zählt, gehört zu den schönsten Europas: ein architektonisches Meisterwerk des 18. Jhs., eine Symphonie aus creme- und honigfarbenen Bauwerken Ralph Allens und John Woods. Man muss sich auf dem *Royal Crescent* ergehen, um diesen Stil, der sich so geglückt an palla-

dianischen Prinzipien orientiert, zu würdigen. Bath ist gleichermaßen elegant, mondän und kultiviert. Berühmte Gäste waren Sir Walter Scott, Jane Austen, Thomas Gainsborough, Joseph Haydn und Stefan Zweig.

■ SEHENSWERTES ■

BATH ABBEY
Die 1499 erbaute Abteikirche besticht durch ihre Fächergewölbe und ihre großen Fenster. *Abbey Square*

BATH

BATH SPA

Mit vierjähriger Verspätung wurde 2006 das modernste Thermalbad Europas eröffnet. Der Knüller ist das Bad auf der Dachterrasse. *Tgl. geöffnet | Anwendungen £ 50–100 | Hot Bath Street | Reservierung Tel. 01225/33 12 34 | www.thermaebath spa.com*

Bäder mit 1 135 000 l Wasser von 46,5°C. *Tgl. 9–18, Nov.–Feb. bis 17, Aug. bis 22 Uhr | Stall Street | Eintritt £ 10,50 | www.romanbaths.co.uk*

ROYAL CRESCENT

Der von 114 ionischen Säulen flankierte, im Kreisbogen verlaufende Straßenzug, errichtet 1767–76 von

Die Roman Baths bei Fackellicht, im Hintergrund Bath Abbey

FASHION MUSEUM

Hier ist die Geschichte der Mode vom 17. Jh. bis heute dokumentiert – eine Sammlung von klassisch bis eigenartig. *Tgl. 11–17, Nov.–Feb. 11–16 Uhr | Eintritt £ 7 | Bennett Street*

ROMAN BATHS AND MUSEUM

In dem neoklassizistischen Gebäude von 1793 sprudelt die berühmte Thermalquelle. Sie füllt täglich die

John Wood junior, umfasst 30 aristokratische Häuser mit 1000 Räumen. Die Nr. 1 wurde neu im georgianischen Stil ausgestattet. *Feb.–Dez. Di–So 10.30–17 Uhr | Eintritt £ 5*

■ ESSEN & TRINKEN ■

DEMUTHS

Inside Tipp

Vegetarische Küche, ambitioniert und international, z. B. Äthiopien-Teller oder Vietnam-Curry. Verführe-

> *www.marcopolo.de/suedengland*

rische Nachtische. *2 North Parade Passage, neben Abbey Green | Tel. 01225/44 60 59 | €€*

SALLY LUNN'S

Ältestes Haus in Bath (1482); man bekommt dort die berühmtesten, nach einem Geheimrezept gebackenen, *buns* (süße Brötchen) ganz Englands serviert. Im Keller ist ein kleines Museum eingerichtet. *Dinner tgl. außer Mo | 4 North Parade Passage | Tel. 01225/46 16 34 | €*

■ EINKAUFEN

Bath präsentiert sich auch hier als Stadt mit Geschmack. Wenn Sie Trödel und Kuriositäten mögen, bummeln Sie durch *Bartlett Street, Walcot Street* und *George Street* sowie durch *Margarets Buildings:* Kingsley Gallery ist bekannt für Lüster und Kandelaber, Patterson & Liddle für Karten und alte Stiche und der Buchbinder George Bayntun *(Manvers Street)* für seine alten Bücher.

■ ÜBERNACHTEN

insider ipp **OLDFIELDS HOTEL** 🔊

Bed & Breakfast der Luxusklasse: schick möbliert, modern ausgestattet mit Flachbild-TV und DVD-Player

in jedem Zimmer, aber auch gutem Frühstück. 10 Fußminuten vom Zentrum. *16 Zi. | 102 Wells Road | Tel. 01225/31 79 84 | www.oldfields.co. uk | €–€€*

ROYAL CRESCENT HOTEL

Der Service ist ausgezeichnet, das Restaurant hervorragend, und die 45 Zimmer sind außerordentlich gepflegt. *16 Royal Crescent | Tel. 01225/82 33 33 | Fax 33 94 01 |www. royalcrescent.co.uk | €€€*

THE TOWN HOUSE

Bed & Breakfast luxuriös im stilechten Haus mitten im denkmalgeschützten Stadtgebiet. *2 Zi. | 7 Bennett Street | Tel./Fax 01225/42 25 05 | www.thetownhousebath.co.uk | €€*

■ AM ABEND

Es gibt eine breite Auswahl an Pubs. Drei mit eher authentischem Charakter sind *The Green Tree (Green Street), The Ring o' Bells (Widcombe Parade)* mit guter Küche und *The Garricks Head (St Johns Place, neben dem Theater),* wo nicht nur gutes *real ale* ausgeschenkt wird, sondern auch das Weinangebot überdurchschnittlich ist.

MARCO POLO HIGHLIGHTS

★ **Dartmouth**
Hafenstadt und Drehort vieler Filme (Seite 74)

★ **Kathedrale von Wells**
Großartige Kathedrale mit reizvollem Kreuzgang, ein Wunder an Harmonie (Seite 72)

★ **Holnicote Estate**
Naturparadies zwischen Porlock Bay und Minehead (Seite 67)

★ **Bath**
Mehr als nur Thermalquelle: Die elegante Stadt ist voller Farbe, Stil und Leben (Seite 60)

BRISTOL

Begehbares Technikdenkmal: Bristols Clifton Suspension Bridge

■ **AUSKUNFT** ■

TOURIST INFORMATION CENTRE
Abbey Chambers | Abbey Church-yard | Tel. 0906/711 20 00 | www.visit bath.co.uk

■ **ZIELE IN DER UMGEBUNG** ■

BRADFORD-ON-AVON   [118 C3]
Verschlungene Gässchen, Häuser aus gelbem Stein, eine sächsische Kapelle aus dem 7. Jh. und eine Brücke aus dem 14. Jh. machen Bradford zu einer sehenswerten Stadt. Die Gärten von *Iford Manor,* 4 km entfernt, Haus des Gartenarchitekten Harold Peto, stecken voller Überraschungen *(Mai–Sept. tgl. außer Mo und Fr, April und Okt. So 14 –17 Uhr). 13 km südöstlich*

LONGLEAT HOUSE   [118 C4]
Prächtiger elisabethanischer Palast von 1580: Deckenmalereien, französische Möbel, Porzellan aus Meißen und Sèvres, flämische Wandteppiche, acht Bibliotheken mit 40000 Bänden, schöne Gärten und eine Sammlung italienischer Renaissancemalerei erwarten Sie. Drum herum: ein Safaripark und allerlei Kindervergnügen. *Tgl. Führungen von 11–15 Uhr zur vollen Stunde | Eintritt Haus £ 10, Safaripark £ 11. 30 km südlich*

BRISTOL

[118 B–C 2–3] **Die größte Stadt des Südwestens (400000 Ew.) ist für Marinefans der richtige Ort. Seit dem 11. Jh. verfügte Bristol nach London über den bedeutendsten Hafen.** Von hier aus stach John Cabot in See und erreichte 1497 Nordamerika. Die ehemalige *Getreidebörse (Corn Exchange)* und die mittelalterlichen Gassen um die

Markthalle bilden das Altstadt-Zentrum. Im *Marine Heritage Centre* am Hafen ist Bristols Geschichte, auch seine Rolle als Drehscheibe des Sklavenhandels, modern aufgearbeitet.

■ SEHENSWERTES

THE BRITISH EMPIRE & COMMONWEALTH MUSEUM

Die Ausstellung wirft einen selbstkritischen Blick auf die Vergangenheit.

dig restauriert. Jetzt sind u. a. der Maschinenraum und die Kabinen erster und dritter Klasse mit alter Ausstattung ein spannendes Besuchererlebnis. *Tgl. 10–17.30, Nov–März bis 16.30 Uhr | Eintritt £ 10,95 | Great Western Dockyard | Gas Ferry Road*

■ ESSEN & TRINKEN

Im attraktiven Stadtteil *Clifton* hat sich die gastronomische Szene ge-

Heute ein hübscher kleiner Dampfer, 1843 das größte Schiff der Welt: SS Great Britain

Tgl. 10–17 Uhr | Station Approach | Temple Meads | Eintritt £ 6,50

CLIFTON SUSPENSION BRIDGE

Die *Clifton Suspension Bridge* über die Avon-Schlucht ist das Meisterwerk (1836–64) des Ingenieurs Isambard Kingdom Brunel.

SS GREAT BRITAIN

1843 als größtes Schiff der Welt gebaut, wurde die Great Britain aufwän-

mausert: *The Fish Works*, Fischgeschäft mit Restaurant, *128 Whiteladies Road | Tel. 0117/974 44 33 | €€*. Für Selbstversorger: *Chandos Delicatessen | 121 Whiteladies Road*. Im Pub *Coronation Tap*, Sion Place, ist Apfelwein *(Cider)* das Getränk der Wahl.

APPLE CIDER BARGE

Kneipe auf einem umgebauten Schiff. Spezialitäten: Cider in großer Auswahl und Pies (Teigpasteten). **Insider Tipp**

Welsh Back, am Floating Harbour | Tel. 0117/925 35 00 | €. Diese Köstlichkeiten gibt's auch in anderen Lokalen und Delikatessenläden.

RIVERSTATION
Schickes Ambiente in der ehemaligen Wache der Wasserpolizei. *The Grove | Tel. 0117/914 44 34 | €€€*

■ ÜBERNACHTEN
BRIGSTOW
Mitten im Zentrum. Fernsehen können Sie selbst im Badezimmer. *116 Zi. | Welsh Back | Tel. 0117/929 10 30 | www.brigstowhotel.co.uk | €€*

HOTEL DU VIN & BISTRO
Umgebautes Zuckerlagerhaus aus dem 18. Jh. *40 Zi. | The Sugar House | Narrow Lewins Mead | Tel. 0117/ 925 55 77 | Fax 925 11 99 | www.ho telduvin.com | €€€*

■ AM ABEND
LAKOTA ▶▶
Schwerpunkte Drum 'n' Bass, Hip-Hop, Techno. Noch unbekannte Bands geben hier ihr Debüt. *Ab 20 Uhr | 6 Upper York Street*

■ AUSKUNFT
TOURIST INFORMATION CENTRE
The Annex | Wildscreen Walk | Harbourside | Tel. 0906/711 21 91 (50 p. pro Min.) | www.visitbristol.co.uk

LYNMOUTH & LYNTON

[117 E1] **Die Reize des Doppelorts – bestehend aus dem 160 m hoch gelegenen Lynton und dem am Zusammenfluss des** *East*

Lyn mit dem *West Lyn River* gelegenen Hafenort Lymouth – **entdeckten wohlhabende Reisende als „englische Schweiz" vor 200 Jahren.** Eine hydraulische Bahn, die *Cliff Railway,* verbindet beide Orte. Mit vielen Hotels und erfrischendem Klima bieten sich Lynmouth und Lynton als Ausgangspunkt für Ausflüge zum Exmoor und entlang der wunderschönen Küste an.

■ ESSEN & TRINKEN
THE RISING SUN
Die Bauern und die Fischer aus der Umgebung liefern die frischen Zutaten für die Küche dieser Dorfkneipe mit Restaurant. *Harbourside | Lynmouth | Tel. 01598/75 32 23 | €€*

ST. VINCENT HOUSE HOTEL
Im Restaurant des historischen Hotels kreiert der belgische Koch hervorragende Fischgerichte. *Castle Hill | Lynton | Tel. 01598/75 22 44 | www.st-vincent-hotel.co.uk | €€€*

■ ÜBERNACHTEN
LYNTON COTTAGE ❄
Grandiose Lage in der Oberstadt Lynton. Alle 16 Zimmer mit Meeresblick. *North Walk | Tel. 01598/ 75 23 42 | www.lynton-cottage.co.uk | €€*

SHELLEY'S
Historisches Haus mit freundlicher Atmosphäre. 1812 verbrachte Dichter Percy Bysshe Shelley seine Flitterwochen hier. *11 Zi. | Watersmeet Road | Lynmouth | Tel. 01598/ 75 32 19 | www.shelleyshotel.co.uk | €€*

■ FREIZEIT & SPORT
Die Steilküste lädt zum Wandern ein. Beliebt ist auch der Spaziergang von

Lynmouth aus zu den spektakulären Felsen im *Valley of the Rocks* und zum Nachmittagstee in der alten Jagdhütte *Watersmeet House* (bestellen Sie Cream Tea oder Cherry Pie).

AUSKUNFT

TOURIST INFORMATION CENTRE

Lynton Town Hall | Lee Road | Tel. 0845/660 32 32| www.northdevon.com

ZIELE IN DER UMGEBUNG

CLOVELLY [117 D2]

Das berühmte Bilderbuchdorf ist eine Touristenfalle, aber unbestritten sehenswert. Die Straßen sind so abschüssig, dass die Einwohner Schlitten zum Transport benutzen. Das Dorf in Ruhe genießt, wer spät kommt, im *Red Lion Hotel (11 Zi. | Tel. 01237/ 43 12 37 | www.clovelly.co.uk | €€)*

sider
pp

übernachtet und noch vorm Ansturm der Besucher abreist. *64 km westlich*

EXMOOR [117 E–F 1–2]

Der Nationalpark von Exmoor besteht aus 430 km^2 Hügeln und Talmulden, Unterholz und Heide, reetgedeckten Cottages und traditionellen Dörfern (*Selworthy* und *Winsford,* ★ *Holnicote Estate,* ein 5000 ha großes Naturschutzgebiet mit den beiden Gipfeln Dunkery Beacon und Selworthy Beacon, vielen Wanderwegen und einer 7 km langen Küstenstrecke). Ein Paradies für Spaziergänger und Angler. Ein schönes Panorama bietet sich vom 520 m hohen *Dunkery Beacon* aus. Unterkunft: *The Royal Oak Inn (8 Zi. | Withypool | Tel. 01643/ 83 15 06 | www.royaloakwithypool.co.uk | €€). 15 km südlich*

Clovelly schmiegt sich an der Nordküste Devons an einen steilen Abhang

ILFRACOMBE ▶▶ [117 E1]

Surfer, die eine ruhige Alternative zu Cornwall suchen, entdeckten den Norden von Devon. Der Badeort Ilfracombe wird schicker, die herrli-

Lokalheld mit Fernweh: Sir Francis Drake

chen Sandstrände westlich in Woolacombe, Croyde und Saunton Sands dienen jetzt nicht mehr nur dem traditionellen Familienurlaub. Besonders **Croyde besitzt hervorragende Surfbedingungen**. Eine breite Palette von Abenteuersportarten bietet dort

Insider Tipp

im Sommer die *Extreme Academy (Hauptsitz in Cornwall | www.watergatebay.co.uk | Tel. 01637/86 05 43).*

Unterkunft: *Grey Cottage* in dem Nachbardorf Lee. Echte Gastfreundschaft und ein wunderbares Frühstück in einem hübschen Haus *(3 Zi. | Tel. 01271/86 43 60 | greycottage.co.uk | €).* Essen und Trinken: *11 The Quay.* Damien Hirst, bekanntester und umstrittenster Künstler der Brit-Art-Szene der 1990er–Jahre, kaufte die alte Herberge am Hafen, baute das Interieur zum gekenterten Schiff um und schmückte es mit eigenen Werken. Es gibt Tapas und Sushi in der *White Hart Bar (€ – €€)* sowie Abendessen im *Atlantic Dining Room (€€€) | Tel. 01271/86 80 90 | www.11thequay.com. 34 km westlich*

LUNDY [116 C1]

Lundy, „Insel der Papageitaucher", ist eine kleine Felseninsel, 37 km von Ilfracombe entfernt. Die Küste ist wunderschön, besiedelt von wenigen kleinen Cottages und einem ehemaligen Piratennest sowie von Tausenden von Vögeln. Die Überfahrt dauert 2¼ Stunden. *Die Abfahrtszeiten der Boote am Bideford Quay gelten das ganze Jahr; die am Ilfracombe Pier fürs Sommerhalbjahr. Unterkunft auf der Insel und Fährbuchung: Tel. 01271/86 36 36 | www.lundyisland.co.uk | €€*

PLYMOUTH

[117 D–E 4–5] Die Stadt (240 000 Ew.) der Seeleute und der Kapitäne, der kühnen Forscher und der Furcht erregenden Piraten. Hier pflegt man das Andenken an Sir Francis Drake, den ersten britischen Weltumsegler, und an James

Cook, der die Südhalbkugel erkundete und Neuseeland umrundete. Das alte Plymouth wurde im Zweiten Weltkrieg von deutschen Bomben weitgehend zerstört. Interessant ist das Viertel neben der Zitadelle: das *Barbican,* wo man Gin destilliert, die Fischer ihren Fang abladen und der Besucher einen Hauch jener Seefahrervergangenheit spürt. 1620 stachen von Plymouth aus 110 sogenannte Pilgerväter calvinistischen Glaubens mit der *Mayflower* in See und erreichten schließlich Amerika, um dort ein neues Leben zu beginnen. Ihre Reise gilt als wichtige Etappe in der Gründungsgeschichte der USA. Die Namen sind am Hafen auf dem 1891 gelegten Mayflower-Stein verewigt.

■ SEHENSWERTES

NATIONAL MARINE AQUARIUM

Haifische, Riff und tropisches Meer im Herzen der Stadt. *Sutton Harbour | tgl. 10–18 Uhr | Eintritt £ 9,50*

SMEATON TOWER UND PLYMOUTH DOME ☆

Neben dem 1759 errichteten, 1882 an die Strandpromenade versetzten Leuchtturm *Smeaton Tower* entstand der *Plymouth Dome,* ein unterhaltsamer Gang durch die Stadtgeschichte. *Tgl. 10–17 Uhr | £ 4,70*

■ ESSEN & TRINKEN

CAP'N JASPER'S

Insider Tipp

Genussvoll sündigen: Riesenhotdogs und -burger am farbenfrohen Stand direkt am Wasser. *The Whitehouse Pier | Barbican | €*

■ EINKAUFEN

Die meisten Geschäfte sind um den *Sundial,* in der *Royal Parade* und in der *Old Town Street* angesiedelt. Sehen Sie sich auch in den Straßen des *Barbican* und in der Markthalle *Pannier Market (Cornwall Street)* um. Überall erhältlich: Plymouth Gin aus der örtlichen Brennerei.

❯ THE QUEEN OF CRIME

Es riecht nach Mord – auf den Spuren Agatha Christies

Agatha-Christie-Fans können im wunderschönen Garten der Autorin auf den Spuren der Detektive Miss Marple und Hercule Poirot wandeln. 2009 soll auch ihr Haus für Besucher geöffnet werden. Im Jahr 1938 kaufte die Krimiautorin *Greenway House* am Ufer des Flusses Dart. Es spielt eine Hauptrolle in verschiedenen Romanen: in *Dead Man's Folly,* in dem Hercule Poirot seine Schöpferin in ihrem Haus besucht, und in *Five little Pigs.* Am schönsten ist die Fahrt dorthin übers Meer mit der Fähre ab Torquay und Brixham oder den River

Dart entlang ab Dartmouth *(Garten März–Okt Mi–So 10.30–17 Uhr | Fähre Tel. 01803/84 40 10).* Wer weiter auf den Pfaden der „Queen of Crime" wandeln will, dem sei die nahe gelegene romantische Insel Burgh, Schauplatz von *Zehn kleine Negerlein,* empfohlen, die bei Ebbe zu Fuß zu erreichen ist. Christie war außerdem oft Gast des schönen Art-déco-Hauses *Burgh Island Hotel (15 Zi. | Bigbury-on-Sea | Tel. 01548/ 81 05 14 | www.burghisland.com | €€€)* und des *Pilchard Inn,* ein Pub aus dem 14. Jh.

■ ÜBERNACHTEN

HOTSPUR

Das kleine Guesthouse liegt zwischen Bahnhof und Museum. *11 Zi. | 108 North Road East | Tel. 01752/ 66 39 28 | www.hotspurguesthouse. co.uk | €*

■ FREIZEIT & SPORT

PLYMOUTH PAVILIONS

In dem Freizeitcenter locken u. a. das tropische Wellenbad und eine Schlittschuhbahn. *Millbay Road | Tel. 01752/22 22 00*

■ AUSKUNFT

TOURIST INFORMATION CENTRE

3–5 The Barbican | Tel. 01752/ 26 60 30 | Fax 26 60 33 | www.visit plymouth.co.uk

■ ZIELE IN DER UMGEBUNG

COTEHELE HOUSE [117 D4]

Eleganter Tudorlandsitz, der von Cornwall her den Tamarfluss überragt. Edles Mobiliar, Wandteppiche, Mühle und ein kleiner, tiefer gelegener Hafen. *April–Okt. tgl. außer Fr 11–16.30 Uhr | Eintritt £ 8. 22 km nördlich (über Saltash Bridge)*

DARTMOOR [117 E–F 3–4]

Das Dartmoor ist eine neblige Heidelandschaft mit düsteren Granitblöcken wie *Haytor* oder *Hound Tor*, mit Fischottern, Flüssen und wilden Ponys. Schlendern Sie durch die pittoresken Dörfer *Buckland-in-the-Moor* und *Widecombe-in-the-Moor*, bevor Sie *Buckland* besichtigen, eine Zisterzienserabtei, die 1581 Eigentum von Sir Francis Drake wurde *(April– Okt. Fr–Mi 10.30–17.30 Uhr | 16 km nördlich von Plymouth)*. Und besuchen Sie den Freitagsmarkt in Tavistock ! *Insider Tipp*

Eine ausgezeichnete Adresse für B & B am östlichen Rand des Dartmoors: *Brookfield House (3 Zi. | Challabrook Lane | Bovey Tracey | Tel. 01626/83 61 81 | www.brook field-house.com | €)*. Luxus findet man in dem ehemaligen Herrensitz *Bovey Castle (64 Zi. | Tel. 01647/ 44 50 16 | www.boveycastle.com | €€€)*, bequeme Zimmer und gehobene Gastronomie auf der Westseite des Dartmoors in *Browns Hotel & Restaurant (9 Zi. | 80 West Street | Tavistock | Tel. 01822/61 86 86 | www.brownsdevon.co.uk | €€€)*. Auskunft: *Dartmoor Tourist Association | Princetown | Tel. 01822/89 05 67 | www.discoverdartmoor.com*

SALCOMBE [117 E5]

Der sympathische Badeort bietet einen 8 km langen Strand und ideale Bedingungen für Wasservergnügen jeder Art. Eine herrliche Aussicht genießen Sie vom ✾ *Bold Head* herunter. *45 km südöstlich*

TAUNTON

[118 A4] ✾ Die **Hauptstadt der Grafschaft Somerset (35 000 Ew.)** wirkt in nahezu jeder Hinsicht „very British": mit dem saftig grünen Kricketfeld, den ehrwürdigen Public schools, der Burg normannischen Ursprungs mit archäologischen Sammlungen und reizenden Straßen wie *Bath Place* und *Hammet Street*. Zudem hält die Umgebung einige Überraschungen bereit, nicht gerechnet die herrlichen Ausblicke auf den *Bristol Channel* und das Tal von *Taunton Deane*.

ESSEN & TRINKEN

THE FRENCH CONNECTION

Ein echter Franzose macht hier das Beste aus den Zutaten der Umgebung – Ente aus Somerset, Fisch von der nahen Küste – das Ganze zu humanen Preisen. *65 Station Road | Tel. 01823/35 26 45 | €€*

ÜBERNACHTEN

CASTLE

Mittelalterliches Ambiente, gutes Restaurant. *44 Zi. | Castle Green | Tel. 01823/27 26 71 | Fax 36 60 66 | www.the-castle-hotel.com | €€€*

MERYAN HOUSE

Guesthouse aus dem 17. Jh., 2 km vom Zentrum Tauntons entfernt. *12 Zi. | Bishop's Hull Road | Tel. 01823/33 74 45 | www.meryanhouse.co.uk | €–€€*

AUSKUNFT

TOURIST INFORMATION

Paul Street | Tel. 01823/33 63 44 | Fax 34 03 08 | www.visitsomerset.co.uk

ZIELE IN DER UMGEBUNG

CHEDDAR GORGE [118 B3]

Die eindrucksvollen Höhlen waren bereits in der Steinzeit bewohnt. Der Ort ist leider sehr touristisch, aber wird dennoch alle angehenden Höhlenforscher begeistern *(tgl. 10.30–17 Uhr). 33 km nordöstlich*

GLASTONBURY ▶▶ [118 B4]

Hier stehen die Ruinen der ältesten Abtei Großbritanniens. Mehrere sächsische Könige wurden hier beigesetzt. 1191 stießen die Mönche auf ein Grab, das man König Artus und seiner Gemahlin Ginevra zuschreibt.

In Widecombe-in-the-Moor offenbart sich die lieblichere Seite Dartmoors

TORQUAY

Die Stadt ist das Ziel von Esoterikern und Keltomanen, denn laut einer Legende versteckte Joseph von Arimathäa den Heiligen Gral auf der Flussinsel Avalon, auf der das alte Glastonbury liegt. *Tgl. 9.30–18 Uhr | Eintritt 5 Euro. Knight's Fish Restaurant (5 Northload Street | Tel. 01458/83 18 82 | €)* bietet seit 100 Jahren Fish & Chips in bester Qualität. *22 km nordöstlich*

WELLS   [118 B3]

In die Mendip Hills geschmiegt liegt Wells, das sich seinen mittelalterlichen Charakter bewahrt hat. Die ★ *Kathedrale* von Wells ist ein Wunder an Harmonie und Heiterkeit. Eine Sünde, sich die 300 Statuen der Westfassade (1232), die Kapitelle des Kirchenschiffs, das Denkmal des Dekans Huse in der Kapelle St. Calixte, die astronomische Uhr, die bleigefassten Fenster des Chors, den Kreuzgang und die Bibliothek nicht anzusehen. Auskunft: *Market Place | Tel. 01749/67 25 52 | Fax 67 08 69.* Unterkunft: *Swan Hotel (Sadler Street | Tel. 01749/83 63 00 | €€€),* 49 luxuriöse Zimmer im altenglischen Stil. Essen: *The Old Spot (12 Sadler Street | Tel. 01749/68 90 99 | €€),* ausgezeichnete „modern British"-Küche, ❧ Tische hinten mit Domblick. *27 km nordöstlich*

Inside Tip

> LOW BUDGET

TORQUAY

[117 F4] **Erst 150 Jahre altes, sehr elegantes Seebad (60 000 Ew.). Hier fehlt es den Gästen an nichts: Yachthafen, Kasino und ein 30 km langer Küstenstreifen, der seinen Beinamen „englische Riviera" wirklich verdient.** Natürlich ist man hier weder in Cannes noch in Miami, und der Massentourismus hat auch Torquay schon erobert. Aber die pinienbeschatteten Schwimmbecken, die Palmen im Abendlicht und die kleinen Sandsteinbuchten besitzen ihren Charme. Torquay, Paignton und Brixham bilden den Bezirk Torbay. Paignton ist mehr auf Familien eingestellt, Brixham ein lebhafter Fischerhafen mit einem Fischmarkt und bunt bemalten Häusern. Von Paignton aus fährt eine kleine Dampfeisenbahn in 35 Minuten das Darttal hinunter bis Kingswear (von dort geht eine Fähre nach Dart-mouth).

▰ SEHENSWERTES ▰

OLDWAY MANSION

So heißt der prunkvolle neoklassizis-tische Palast, der Besuchern in

Tel. 01803/32 87 60 | €€€ | Über-nachtung €€€

▰ EINKAUFEN ▰

Im ehemaligen *Edwardian Theatre* liegen die besten Boutiquen, aber Sie finden noch weitere Geschäfte im

Die kleine Stadt Wells beeindruckt mit einer majestätischen Kathedrale

Paignton ins Auge sticht. Der ein-drucksvolle Komplex wurde 1871 von dem Nähmaschinenfabrikanten Singer erbaut. *Mo–Sa 9–17, So 14–17 Uhr | Torbay Road*

▰ ESSEN & TRINKEN ▰

THE ENGLISH HOUSE

Hir essen Sie ausgezeichnete engli-sche Küche mit Devon-Rindfleisch und Fisch aus dem Hafen von Brix-ham. *Teignmouth Road | Maiden-combe (5km nördl. an der Küste) |*

Wintergarden, im *Pavilion* und am *Fleet Walk.*

▰ ÜBERNACHTEN ▰

CHELSTON MOUNT HOTEL

Zwischen Cockington und Torre Ab-bey. Manche Zimmer mit Seeblick. *16 Zi. | Huxtable Hill | Tel. 01803/ 60 78 45 | €*

THE GRAND HOTEL

In dem komfortablen Haus hat Aga-tha Christie 1914 ihre Hochzeitsnacht verbracht. *112 Zi. | Sea Front | Tel. 0844/502 75 87 | Fax 21 34 62 | www.grandtorquay.co.uk | €€€*

◼ FREIZEIT & SPORT ◼

QUAYWEST
Großes Spaßbad bei Goodrington Beach in Paignton, wo man auch Surfen und Wasserski fahren kann.

◼ AUSKUNFT ◼

INFORMATION CENTRE
Torquay: *Vaughan Parade;* Paignton: *The Esplanade | Tel. 01803/21 12 11 | www.theenglishriviera.co.uk*

◼ ZIELE IN DER UMGEBUNG ◼

DARTMOUTH ★   [117 F5]
Früher ein bedeutender Hafen (5300 Ew.). Besichtigen Sie *Bayard's Cove* mit seinen pastellfarbenen Fassaden im Morgenlicht, die *Butterwalk* genannte Einkaufspassage aus dem 17. Jh., die *Burgruine* vorn an der Flussmündung *(April–Sept. tgl. 10–18 Uhr)* und den von Lady Dorothy d'Oyly am Ufer angelegten *Garten (Coleton Fishacre bei Kingswear | April–Okt. Mi–So 10.30–17 Uhr | Eintritt £ 6,60).* Essen: *Café Alf Resco,* stimmungsvolles Lokal, für Frühstück, Brunch und Mittagessen beliebt, Jazz und Blues live am Wochenende *(Lower Street | Tel. 01803/ 83 59 80 | €). 10 km südwestlich*

EXETER   [117 F3]
Die Hauptstadt Devons (90 000 Ew.) ist Universitätsstadt und einer der ältesten Bischofssitze Englands. Die gotische Kathedrale mit reicher Innenausstattung trägt eine herrliche Rosette an der Westfassade. Beachten Sie innen die Gewölberippen, den Bischofsthron, das Grab von Bischof Walter of Stapeldon, den Lettner von 1325 mit seinen zarten Malereien und das Orgelgehäuse aus dem 17. Jh. Sehenswert sind auch die *Guildhall* aus dem 14. Jh. *(Rathaus, wechselnde Öffnungszeiten, Eintritt frei), St. Nicholas Priory*, ein ehemaliges Benediktinerkloster aus dem 11. Jh., die ungewöhnlichen *Underground Passages,* Gänge aus dem Mittelalter unterhalb der Hauptstrasse, die einst der Wasserversorgung dienten *(Mo–Sa 9.30–17.30, So 10.30–16 Uhr | Führung £ 5)* und am Hafen der aufstrebende Stadtteil *Quayside* mit dem Besucherzentrum im *Quay House* und das *Custom House*, beides 17. Jh.

Michael Caines Restaurant ist eines der besten Speiselokale im Westen in einem schönen denkmal- **Inside Tip**

geschützten Gebäude (*ABode Exeter | Cathedral Yard | Tel. 01392/ 31 99 55 | www.michaelcaines.com | €€€*). Preiswerte, deftige Küche findet man im *Ship Inn* (*St. Martins Lane | Tel. 01392/27 20 40 | €*). Übernachtung: stilvoll-modern im *Hotel Barcelona* (*46 Zi. | Magdalen Street | Tel. 01392/28 10 00 | www.hotelbar celona-uk.com | €€*) oder historisch, mit sehr guter Küche 10 km südwestlich über die B 3112 und B 3193 im Dorf Doddiscombsleigh im *Nobody Inn* (*9 Zi. | Tel. 01647/25 23 94 | www.nobodyinn.co.uk | €*). Auskunft: *Dix's Field | Tel. 01392/ 26 57 00 | Fax 26 52 60 | www.exeter.gov.uk*. 37 km nördlich

TOTNES ▶▶ [117 F4]

Die alte Stadt (7500 Ew.) am oberen Ende der Dartmündung bewahrt in *Butterwalk* und *Poultry Walk* einige hübsche Fassaden, dazu einige befestigte Tore (*North Gate, East Gate*), eine *Burg* aus dem 14. Jh. (*April– Sept. tgl. 10–18 Uhr*) und ein Fachwerkhaus aus dem 16. Jh. mit Möbeln im Tudorstil (*The Elizabethan House | 10 Fore Street*). 4 km weiter östlich erwartet Sie das Schlossgespenst von *Berry Pomeroy*.

Totnes ist auch Zentrum der alternativen und Öko-Szene, wie man in an Bekleidungsgeschäften, Cafés mit Biokost und den vielen Angeboten an alternativen Heiltherapien sieht.

Unterkunft in einem 600 Jahre alten Haus: ⌁ *The Old Forge* (*10 Zi. | Seymour Place | Tel. 01803/86 21 74 | oldforgetotnes.com | €*). Restaurant: *Willow*, vegetarische Küche (*87 High Street | Tel. 01803/86 26 05 | €*). 6 km westlich

Schön wie eine Fimkulisse: der abendliche Hafen von Dartmouth

> SAGENUMWOBENES CORNWALL

Keltische Mythen, Granitküste und tropische Gärten:
ein besonderer Landstrich – rund ums Jahr

> Das Beste: das mythische Cornwall. Die kleinen Fischerhäfen mit ihrem weißen Gemäuer und den blauen Fensterläden, das gegen die wilde, kahle Steilküste brandende Meer – das alles zieht zweifellos jeden in seinen Bann. Cornwall ist die Heimat von See- und Bergleuten, erfüllt von Gespenster- und Piratengeschichten. Steinformationen aus uralter Zeit geben noch immer Rätsel auf – bester Stoff für Legenden. Im sanften Sommerwind wirkt Cornwalls Landschaft lieblich und mild, doch wenn die Nebel über den Mooren aufsteigen und der Sturm über die kleinen Dörfer hinwegfegt, dann wechselt die Region augenblicklich ihr Gesicht, zeigt ihre unberechenbare Seite.

Lauschen Sie den kreischenden Möwen, dem Nebelhorn und dem Lärm der Wellen, die sich an der Küste brechen, bevor ihre Gischt über die Heide von Bodmin oder Penwith weht, wo es wimmelt von

Bild: Hafenansicht von St. Ives

DER SÜDWESTEN

Hünengräbern und Menhiren, mittelalterlichen Kreuzen und *fogous* (unterirdischen Gewölbegängen) aus der Eisenzeit.

Selbstverständlich gibt es für Segler, Surfer und Schwimmer auch kilometerweise goldenen Strand und geschützte kleine Buchten mit klarem Wasser. Ein wirkliches Bonbon der wärmsten Region des Landes sind die tropischen Gärten voller Palmen und exotischer Blumen.

Früher nannte man Cornwall „ein hässliches Bild in einem schönen Rahmen". Gemeint war die herrliche Küste um ein von Armut geprägtes Binnenland. Die traditionellen Erwerbsquellen sind Landwirtschaft, Fischerei und Bergbau, doch das Land ist karg, die Verdienste in der Fischerei unzuverlässig und die Zinngruben inzwischen längst stillgelegt. Der wichtigste Wirtschaftsfaktor ist heute der Tourismus, den die alten Erwerbszweige um einige Attraktionen bereichern. So können Sie alte Bergwerke wie die *Geevor Tin Mine* bei St. Just besichtigen. Der größte Besuchermagnet Cornwalls, das *Eden Project*, entstand in einem

Lizard Point: Englands südlichster Zipfel

60 m tiefen ehemaligen Tagebau. Angesichts der schicken Hotels und der coolen Surferszene merkt man als Besucher heute nicht mehr, dass Cornwall nach wie vor zu den ärmsten Regionen des Landes zählt.

FALMOUTH

[116 B5] Früher legten die Schiffe auf der Fahrt nach Amerika einen letzten Halt in diesem Vergnügungshafen (18 000 Ew.) an der Falmündung ein. Machen Sie einen Spaziergang auf dem *Custom House Quay*, bevor Sie *Lizard Point* und die schönen Parks der Umgebung, *Trebah* oder *Glendurgan* bei Mawnan Smith, erkunden.

SEHENSWERTES

NATIONAL MARITIME MUSEUM CORNWALL ★

Vom Wahrzeichen der Stadt aus können Sie Segelveranstaltungen beobachten, im Museum ferngesteuerte Modelle segeln und alles über die Seefahrt in Cornwall lernen. *Tgl. 10–17 Uhr | Eintritt £ 7,95 | Discovery Quay | www.nmmc.co.uk*

PENDENNIS CASTLE

Diese Burg entstand unter Heinrich VIII. im Zuge eines Befestigungsprogramms. 1646 belagerte dann aber Oliver Cromwell das Gemäuer. *April–Sept. tgl. 10–17, Okt.–März tgl. 10–16 Uhr | Eintritt £ 5,40. 1,5 km südöstlich*

ESSEN & TRINKEN

THREE MACKEREL ❊

In diesem Restaurant genießen Sie kreative Küche zum Meeresblick. *Swan Pool | Tel. 01326/31 18 86 | €€*

ÜBERNACHTEN

HOTEL ANACAPRI ❊

Panoramablick auf Strand und Bucht. Ganzjährig geöffnet. *16 Zi. | Gyllyngvase Beach | Tel./Fax 01326/31 14 54 | www.hotelanacapri.co.uk | €–€€*

> **www.marcopolo.de/suedengland**

HOTEL TRESANTON

Gegenüber Pendennis Castle auf der Ostseite der Falmouth-Bucht liegt dieses berühmte Hotel, in dem nur wenige Wünsche offen blieben. Komfort, Service, Design, Küche und hoteleigenes Segelboot – alles vom Feinsten. *29 Zi. | St. Mawes | Tel. 01326/27 00 55 | www.tresanton. com | €€€*

■ FREIZEIT & SPORT ■

Insider Tipp

SAFARI ZU WALEN UND DELPHINEN

Whale-Watching gibt es inzwischen auch in europäischen Gewässern. Das Meer um Cornwall wird stetig wärmer, und deshalb werden immer mehr Arten von Fischen und Meeressäugern, die man früher normalerweise weiter südlich erwartete, hier gesichtet. Fahrten ab Falmouth im 12-Sitzer zu Orkas, Delphinen, Haien und mehr: *Orca Sea Safaris | Tel. 01872/86 19 10 | £ 40*

■ AUSKUNFT ■

TOURIST INFORMATION

28 Killigrew Street | Tel. 01326/ 31 23 00 | Fax 31 34 57

■ ZIEL IN DER UMGEBUNG ■

LIZARD POINT   [116 B6]

Am äußersten Ende der Landspitze, am südlichsten Zipfel Cornwalls, verbirgt sich die mit Abstand spektakulärste Bucht der gesamten Grafschaft: *Kynance Cove.* Hier wie im östlich gelegenen Nachbarort Cadgwith ist der Felsen vielfarbig geädert, was der Küste violette, rote und dunkelgrüne Reflexe verleiht. Benutzen Sie den ☘ Weg, der oberhalb des Kliffs, beiderseits des Leuchtturms, verläuft *(South west way).* Die Natur an dieser Stelle ist wild und chaotisch, und Sie werden sich mühelos vorstellen können, wie viele Schiffe schon am Fuß des Lizard gestrandet sind. Stärkung erwartet Sie im *Lizard Pasty Shop* (3 Beacon Terrace | Helston). *Insider Tipp* Ann Muller, gekrönte Meisterin der Cornish Pasty, ist landesweit für ihre gefüllten Pasteten bekannt. Übernachtung auf der Halbinsel Lizard: *Tremayne House* im Dorf St.-Martin-in-Meneage am Helston River ist ein B & B der Luxusklasse. *3 Zi. | Tel. 01326/23 16 18 | wwwtremayne house.com | €€. 40 km südlich*

MARCO POLO HIGHLIGHTS

★ **Eden Project**
Ein wahr gewordener Traum aus Kunststoff (Seite 88)

★ **Polperro**
Hafen voller Meeresduft und Seeräubergeschichten (Seite 89)

★ **National Maritime Museum Cornwall**
Hypermodernes Marinemuseum in Falmouth (Seite 78)

★ **St. Ives**
Künstler unter grünen Dächern (Seite 85)

★ **Isles of Scilly**
Die Überfahrt dauert, doch der Archipel ist faszinierend (Seite 83)

★ **Tintagel**
Ein Ort voller Poesie, nicht nur wegen der Sagen um König Artus (Seite 81)

NEWQUAY

[116 B4] Newquay zählt zu den vier bedeutendsten Seebädern Großbritanniens und ist seit 1875 das größte der Grafschaft Cornwall. Der Ort (20 000 Ew.) ist wirklich sagenhaft: eine berückend schöne Insel im Vordergrund *(The Island)*, ganze elf Sandstrände, ideal zum Baden bei Ebbe, dazu die kleinen Buchten und die schroffen Felsen zwischen Crantock und der weiten Watergate Bay. Im Sommer nehmen die *beach boys* mit ihren Brettern den Strand ganz für sich ein, denn ▶▶ Newquay ist eine Hochburg des Surfings. Nichts hindert Sie daran, es Ihnen gleichzutun.

◼ ESSEN & TRINKEN ◼◼◼◼

Insider Tipp

THE BEACH HUT
Sehr cooles Lokal, das das Ambiente einer Strandhütte mit einer außergewöhnlichen Küche verbindet. *Watergate Bay | Tel. 01637/86 08 77 | €*

NEW HARBOUR RESTAURANT
Diese Mischung aus Fisch, guter Weinkarte und Cocktails direkt im Hafen ist wirklich gelungen. *Di–So 12–15 Uhr | The Old Boathouse | South Quay Hill | Tel. 01637/ 87 30 40 | €€*

◼ EINKAUFEN ◼◼◼◼◼◼

KERNEWEK POTTERY
Tassen, Teekannen, Teller, Töpfe made in Cornwall. *Cliff Road*

SURFER'S PARADISE
2000 Neoprenanzüge von Gotcha und OP Instinct, dazu natürlich jede Menge Surfbretter. *64 Tower Road | www.surfersparadise.co.uk*

◼ ÜBERNACHTEN ◼◼◼◼

THE BAY HOTEL
Neu renoviert und schick, tolle Lage am Surferstrand *Fistral Beach. 97 Zi. | Esplanade Road | Tel. 01637/ 85 22 21 | Fax 87 29 88 | www.new quay-hotels. co.uk | €€€*

ST. CHRISTOPHER'S INN ☘
Diese Surferherberge bietet nicht nur preiswerte Unterkunft, sondern auch Strandblick. *68 Betten | 35 Fore Street | Tel. 01207/407 18 56 | www. st-christophers.co.uk | €*

◼ FREIZEIT & SPORT ◼◼◼◼

ABENTEUERSPORT
Mountainbiking, Kite-Surfen und andere Sportarten zu Wasser und auf dem Land für Kinder und Erwachsene organisieren *The Adventure Centre (Lusty Glaze Beach | Tel. 01637/87 24 44 | www.adventure-centre.org)* und *Extreme Sports Academy (Watergate Bay | Tel. 01637/ 86 05 43 | www.watergatebay.co.uk).*

SURFSCHULEN
Das *National Surfing Centre* bietet Surfstunden für jedes Niveau und Alter gleich an zwei Stränden: Fistral Beach und Lusty Glaze Beach. *Tel. 01637/85 07 37 | www.nationalsurfingcentre.com*

◼ AUSKUNFT ◼◼◼◼◼◼

TOURIST INFORMATION CENTRE
Marcus Hill | Tel. 01637/85 40 20 | Fax 85 40 30 | www.newquay.co.uk

◼ ZIELE IN DER UMGEBUNG ◼◼

CRANTOCK   [116 B4]
Hier badet man in der sandigen Flussmündung des *Gannel*, gleich

neben einer kleinen Herberge *(The Old Albion). 3 km südwestlich*

PADSTOW [116 C4]

Rick Stein, Fernsehstar und Buchautor, hat den kleinen Fischerort Padstow (2300 Ew.) über die Landesgrenzen hinweg mit seinem Gourmetimperium berühmt gemacht. Sein *Seafood Restaurant* hat er schon vor 25 Jahren eröffnet. Der Fisch kommt hier buchstäblich vom Boot in die Pfanne. Einen Tisch im *Seafood Restaurant* muss man lange im Voraus buchen *(Mo–Sa 12–14, 19–22 Uhr | Tel. 01841/53 27 00 | www.rickstein. com | €€€)*. Als Alternative hat Rick Stein ein Bistro eröffnet: *St. Petroc's Bistro (4 New St. | Tel. 01841/ 53 27 00 | €€)*. Außerdem gehören ein Café und ein Fish-and-Chips-Lokal zu Steins Imperium. *20 km nordöstlich*

TINTAGEL ⭐ [116 C3]

In der Burg von Tintagel, deren beeindruckende Ruinen am Rand der Steilküste man besichtigen kann *(April–Sept. tgl. 10–18, Okt.–März tgl. 10–16 Uhr)*, könnte König Artus' Wiege gestanden haben. Im 12. Jh. von den Grafen von Cornwall erbaut, stürzte die Burg vier Jahrhunderte später ein. Sehen Sie sich auch das Landhaus aus dem 14. Jh. an, das früher einmal ein Postamt war, und machen Sie einen kurzen Abstecher nach *Boscastle:* Die Cottages und der kleine Hafen sind es wert. Im August 2004 richtete nach einem Gewitter in dem in einem engen Tal gelegenen Ort schwere Zerstörungen an; jetzt herrscht wieder normaler Betrieb.

Als Unterkunft bietet sich *The Old Rectory* an, ein sehr komfortables B & B in einem historischen Pfarrhaus, in dem einst der Schriftsteller

Insider Tipp

Tintagels Ruinen an der Klippe: Stand hier König Artus' Wiege?

Thomas Hardy übernachtete und sich prompt in die Schwester des Pfarrers verliebte. Der Betrieb wird ökologisch geführt, zum Frühstück gibt es Produkte aus dem eigenen Garten und der Region. *4 Zi. | St. Juliot | Tel. 01840/25 02 25 | www.stjuliot.fsnet. co.uk | €. 30 km nordöstlich*

PENZANCE

[116 A5–6] Hier spürt man die Gezeiten, riecht den Seetang. Die Stadt (15 000 Ew.) hat einen richtigen Fischerhafen, von dem aus man zu den Scilly-Inseln übersetzen kann. Der Ort ist auch ideal für einen Zwischenstopp, um die äußerst reizvolle Umgebung zu erkunden. Bestimmt aber lockt Sie die als „Riviera Cornwalls" gepriesene Bucht mit ihrem milden Klima und ihren Gärten voll tropischer und subtropischer Pflanzen *(Morrab Gardens)* sowie üppiger Rhododendren *(Penlee House)*.

■ ESSEN & TRINKEN ■
THE BAY

Das Restaurant mit einer angeschlossener Galerie ist hell und elegant eingerichtet, die Küche britisch mit mediterranem Einfluss, der Blick auf die Bucht einfach grandios. Hier haben Sie auch Gelegenheit, in Cornwall produzierten Wein zu probieren. *Britons Hill | Tel. 01736/36 68 90*, €€

THE TURK'S HEAD
Für Liebhaber solider Kneipenkost: Im ältesten Pub von Penzance gibt es Fisch, Sandwiches und selbstverständlich gutes Bier *46 Chapel Street | Tel. 01736/36 30 93* | €

■ EINKAUFEN ■
THE OLD CUSTOM HOUSE
Hinter der aprikosenfarbenen Fassade von *53 Chapel Street* verbergen sich zwölf Räume, von Lyn LeGrice vollständig im Schablonenstil ausgestattet. Sie finden hier außer Antiquitäten und Geschenken auch eine Bildergalerie.

■ ÜBERNACHTEN ■
PENZANCE ARTS CLUB

Inside Tip

In der ehemaligen portugiesischen Botschaft wird heute ein charmantkurioser Mix aus Unterkunft, Kunstklassen und Jazznächten angeboten. *4 Zi. | Chapel House | Chapel Street | Tel./Fax 01736/36 37 61 | www.penzanceartsclub.co.uk* | €€

> MYTHISCHES CORNWALL
Spuren aus keltischer und vorgeschichtlicher Zeit

In Tintagel, der Sage nach Geburtsort König Artus', fanden Archäologen Spuren eines Palasts aus dem 5. und 6. Jh. Wenn Artus, jener legendäre Führer der Kelten gegen die Germanen, wirklich gelebt hat, dann vielleicht hier. Der Ort seiner letzten Schlacht soll dagegen weiter südlich am *River Camel* liegen. Nach der Niederlage habe der Ritter Bedivere das Schwert Excalibur in den *Dozmary Pool* auf dem *Bodmin Moor* geworfen, heißt es. Und wo mag Artus' Grab liegen – „im versunkenen Land, dessen Kirchenglocken bei Sturm läuten"? Selbstverständlich auf den Scilly-Inseln.

Noch älter sind die rätselhaften Megalithen auf den Höhen um *Land's End*. Dort stehen zwei Steinkreise aus der Bronzezeit, *Boscawen Un* bei *St. Buryan*, und die „Merry Maidens" von *Lamorna*. Der Megalith *Men an Tol* zwischen St. Ives und St. Just soll Kraft verleihen, wenn man sich neunmal gegen die Sonne durch das Loch in der Mitte des Steins zwängt.

THE SUMMER HOUSE HOTEL

Dieses geschmackvoll eingerichtete Haus ist ruhig gelegen, und doch nur 50 m vom Meer entfernt. Gutes Restaurant. *5 Zi. | Cornwall Terrace |* sich anschließend oberirdisch die Verarbeitungsbetriebe ansehen. *Ostern–Okt. So–Mo 9–16 Uhr (letzte Führung) | Eintritt £ 7,50. 15 km westlich*

Südenglisch oder tropisch? Der üppige Garten voller Palmen von Penlee House in Penzance

Tel. 01736/36 37 44 | Fax 36 09 59 | www.summerhouse-cornwall.com | €€

■ AUSKUNFT ■

TOURIST OFFICE
Station Road | Tel. 01736/36 22 07 | www.penzance.co.uk

■ ZIELE IN DER UMGEBUNG ■

Insider Tipp

GEEVOR TIN MINE   [116 A5]

Dieses Bergwerk, dessen Stollen teils unter dem Meeresboden liegen, war noch bis 1990 in Betrieb. Sie können einen Besuch unter Tage machen und

ISLES OF SCILLY ★   [116 A4]

Die Scilly-Inseln liegen 40 km vor Land's End. Die fünf Inseln mit insgesamt 2000 Einwohnern und 100 Schären bilden eine stille, einsame Welt für sich. Sie sind bekannt für ein mildes Klima, eine exotische Flora, die Mannigfaltigkeit ihrer Fauna (Sturmschwalben, Seeschwalben, Blesshühner, Haubenkormorane) sowie für die große Schönheit ihrer kleinen Buchten. Besichtigen Sie *St. Martin's* (herrliche Strände), *Bryher* (*Hell Bay* ist bestechend schön), *St. Mary's* (wegen der Felsen von *Penin-*

PENZANCE

An diesen Klippen hört die englische Welt erst einmal auf: Land's End

Tel.01720/ 42 23 17 | Fax 42 23 43 | www.star-castle.co.uk | €€€). Auch im früheren Wachtturm auf St. Mary's sind Ferienwohnungen zu mieten. (Tel. 01720/42 26 70 | www.garrisonholidays.com). Auskunft: Tourist Information Centre | Hugh Town | St. Mary's (Tel. 01720/42 25 36 | www.simplyscilly.co.uk). Überfahrt: mit Skybus von Bristol, Newquay, Land's End. Hubschrauber ab Penzance (British International Helicopters | Tagesticket £ 104 | Tel. 01736/ 36 38 71), Schiff Penzance–St. Mary's (The Scillonian | Tagesticket £ 76). Auskunft für Flüge – außer Hubschrauber – und Schiffe: Isles of Scilly Travel Centre | Quay Street | Penzance | Tel. 0845/710 55 55 (international: 0044/01736/33 42 20) | www.islesofscilly-travel.co.uk

LAND'S END   [116 A6]

Der westlichste Zipfel Englands ist auch der am meisten von Touristen besuchte. Das Schauspiel der an den Felsen sich brechenden Wellen ist so faszinierend wie eh und je. Bei klarem Wetter sind in der Ferne die Scilly-Inseln auszumachen. Unternehmen Sie einen Spaziergang auf dem ❊ Cornwall Coastal Path zum Minack Theatre (www.minack.com) an den Klippen und zum Strand von Porthcurno, ein Muss für alle, die sich für die Geschichte der Telekommunikation interessieren. Hier befand sich bis 1970 die größte Telefonkabelstation der Welt; heute dient das Gebäude als Museum (www. porthcurno.org.uk). 5 km östlich von Land's End im Weiler Brane nahe Sancreed befindet sich das Carn Euny Iron Age Courtyard House, ein

nis Head und des Schifffahrtsmuseums von Longstone, das Geschichte und Kultur der Inselbewohner zurückverfolgt) und Tresco (sehenswert: Old Grimsby Bay und die wunderschönen Gärten, die von Benediktinern im 12. Jh. angelegt wurden).

Unterkunft: Star Castle Hotel für Leute, die davon träumen, die Nacht in einer elisabethanischen Festung zu verbringen (St. Mary's Island |

von ca. 500 v. Chr. bis 400 n. Chr. besiedelter Hof. Das offene Gelände ist ganzjährig zugänglich. Unterkunft: *The Old Manor* in *Sennen (9 Zi. | Tel./Fax 01736/ 87 12 80 | €€)* oder *The Land's End Hotel* direkt am Kliff *(34 Zi. | Tel. 01736/87 18 44 | Fax 87 15 99 | www.landsendhotel. co.uk | €€€)*.

MOUSEHOLE   [116 A6]

Nach Dylan Thomas ist Mousehole (ausgesprochen: Mousel) das „loveliest village in England". Tatsächlich ist das Fischerdorf mit seiner elisabethanischen Herberge *(Keigwin)* ganz berückend. Wer stilvoll übernachten und moderne Gourmetküche geniessen will, fährt einige Kilometer weiter südlich zum *Lamorna Cove Hotel* im gleichnamigen Ort *(12 Zi. | Tel. 01736/73 14 11 | www.lamornacove. com | €€€)*. Nahe Lamorna liegen die *Merry Maidens*, ein Steinkreis mit 19 Megalithen aus der Bronzezeit. *5 km südwestlich*

ST. MICHAEL'S MOUNT   [116 A6]

Die Insel mit dem ehemaligen Benedikterkloster ist dem Ort *Marazion* vorgelagert. Bei Ebbe gelangen Sie zu Fuß hierher, bei Flut nehmen Sie die Fähre. Die Insel ist seit 1660 im Familienbesitz der St. Aubyns. Lord St. Levan, ein Nachkomme, wohnt noch heute hier, hat aber den Besitz dem National Trust vermacht *(April–Okt. So–Fr 10.30–17 Uhr | Eintritt £ 6,60)*. Unterkunft: *Ednovean Farm*, eine Granitscheune aus dem 17. Jh. mit Blick auf den Mount. *(3 Zi. | Perranuthnoe | Tel. 01736/71 18 83 | www. ednoveanfarm.co.uk | €€)*

ST. IVES

[116 A5] ⭐ Hellgrüne Dächer, ein fast mediterranes Licht und gerade Gässchen,

> DIE NAMEN IN CORNWALL
Ein kleiner Sprachführer

In Cornwall haben die meisten Buchten, Häuser, Marktflecken, Gehöfte und Einwohner für die Gegend typische Namen: Boscawen, Pentreath, Poldhu, Porthtowan, Treneglos usw. Hier ein paar Begriffe, die Ihnen das Verständnis erleichtern sollen:

Arth	höhergelegener Ort	*D(h)u*	schwarz	*Noweth*	neu
		Dynas	stark	*Pell*	weit
		Eglos	Kirche	*Pen*	Ende, Kopf
Bean	klein	*Enys*	Insel		
Bos	Unterkunft	*Gwyns*	Wind	*Pol*	Teich
Brea	Anhöhe	*Lan*	Umzäunung	*Porth*	Hafen
Carrick	Fels	*Lyn*	See, Teich	*Ruth*	rot
Chy	Haus	*Maen*	Stein	*Scawen*	Holunder
Coath	alt	*Mor*	Meer	*Towan*	Düne
Crows	Kreuz	*Mur*	groß	*Tre(f)*	Dorf
Dower	Wasser	*Nans*	Tal	*Tre(a)th*	Strand

gesäumt von Cottages in exotischen Gärten: Das ist St. Ives (9500 Ew.). Außer von Fischfang, Bergbau und Schmuggel lebt der alte Hafen von ▶▶ Kunst und Tourismus. Fünf Strände stehen hier zur Auswahl: *Town Beach* zum Makrelenangeln, *Porthmeor* zum Surfen, *Porthgwidden* für Kinder und zum Baden, *Porthminster* für die Familie und schließlich *Carbis Bay,* der wohl sicherste Strand Cornwalls.

Man versteht, warum William Turner hier 1811 seine Staffelei aufstellte, bald gefolgt von einer ganzen Maler- und Bildhauerkolonie: James Whistler und Walter Sickert um 1880, Ben Nicholson 1928, Barbara Hepworth 1939, ohne Mark Rothko und den Töpfer Bernard Leach zu vergessen. 1910 zählte man in St. Ives 80 Künstlerateliers. Gehen Sie im Labyrinth der Fischerhäuser spazieren *(Downlong)* und den Küstenweg entlang, der zwei Strände miteinander verbindet. Doch um die ganze Schönheit der Gegend zu genießen, muss man den Zug von Penzance oder St. Erth nehmen (im Sommer gibt es jedenfalls keine Parkmöglichkeiten, und Autos sind im alten Hafen nicht gestattet). Während der Fahrt mit dem ❊ *Scenic railway* fühlen Sie sich wie im Kino: Sie zockeln über die Dünen und den weißen Sand von *Carbis,* dann folgt plötzlich eine Umgehung der Steilküste, und vor Ihren Augen erstrecken sich die grüne Halbinsel von St. Ives, der goldene Strandstreifen und dahinter das kristallklare Wasser.

■ SEHENSWERTES ■

BARBARA HEPWORTH MUSEUM

Barbara Hepworth (1903–75), eine der großen Bildhauerinnen der zeitgenössischen englischen Schule, lebte von 1949–75 in St. Ives. Ihr Haus mitsamt dem Garten wurde als Museum eingerichtet. Zu sehen sind Bronzen, Marmorskulpturen, Zeichnungen, Gemälde und einige Fotos der Künstlerin. *Tgl. 10.30–17.30 Uhr | Eintritt £ 4,75 | Barnoon Hill (über Fore Street)*

TATE GALLERY ST. IVES ❊

Die Außenstelle der Londoner Galerie ist ein architektonisches Meisterwerk von Eldred Evans und David Shalev in bester Klifflage und mit spektakulären Ausblicken über Stadt, Hafen und Porthmeor Beach. 1000 Werke der Region Cornwall und des 20. Jhs. werden hier gezeigt. Außerdem gibt es regelmäßig Sonderausstellungen zeitgenössischer Kunst einzelner Künstler oder zu verschiedenen Themen. *Tgl. 10–17.30 Uhr | Eintritt £ 5,75 | www.tate.org.uk | Porthmeor Beach*

■ ESSEN & TRINKEN ■

PORTHGWIDDEN

Insid Tip!

Sehr gute, leichte Küche. *Porthgwidden Beach | Tel. 01736/79 67 91 | €*

PORTHMINSTER BEACH CAFÉ

Direkt am Strand mit Blick auf die Bucht von St. Ives. Frischer Fisch und gute vegetarische Gerichte. *Porthminster Strand | Tel. 01736/79 53 52 | €€*

■ ÜBERNACHTEN ■

THE GURNARD'S HEAD

Insid Tip!

Pub mit geschmackvoll eingerichteten Zimmern, nur 500 m von den Atlantikbrechern entfernt. Die Küche ist ausgezeichnet. *8 Zi. | Zennor (ca.*

8 km westl.) | *Tel. 01736/79 69 28* | *www.gurnardshead.co.uk* | €€

MONTEREY ✣

Von den Zimmern des sympathischen B & B oberhalb Porthmeors schauen Sie aufs Meer. *6 Zi.* | *7 Clodgy View* | *Tel./Fax 01736/79 42 48* | *www.monterey-stives.co.uk* | €–€€

Zinnminen und seiner günstigen Lage an der Falmündung wirtschaftlichen Nutzen zu ziehen. Die georgianisch geprägte Stadt hat eine eigene Note (sehenswert sind u. a. *Walsingham Place, Lemon Street* und die neugotische *Kathedrale* von 1880–1910), wenngleich die Umgebung Truros noch verführerischer ist.

Moderne Architektur in bester Klifflage: Die Tate Gallery in St. Ives zeigt Kunst mit Aussicht

■ AUSKUNFT ■

TOURIST OFFICE
The Guildhall | *Street-an-Pol* | *Tel. 01736/79 62 97* | *Fax 79 83 09* | *www.stives-cornwall.co.uk*

TRURO

[116 B5] **1170 ein großer Marktflecken, heute die Hauptstadt der Grafschaft Cornwall. Truro (18 000 Ew.) hat es im Lauf der Geschichte geschafft, aus den kornischen**

■ SEHENSWERTES ■

ROYAL CORNWALL MUSEUM
Cornwalls Geschichte, archäologische Funde, Mineralien und Gemälde von Gainsborough und Constable. *Mo–Sa 10–17 Uhr* ✝ *Eintritt frei* | *River Street*

■ ÜBERNACHTEN ■

THE IDLE ROCKS HOTEL
15 km südlich in St. Mawes, direkt am Wasser und mit sehr guter Küche. *27 Zi., Tredenham Road* | *Tel. 0844/*

TRURO

■ AUSKUNFT

TOURIST INFORMATION
*Municipal Buildings | Boscawen
Street | Tel. 01872/27 45 55 | Fax
26 30 31 | www.truro.gov.uk*

drei verschiedenen Klimazonen. Ein
Projekt der Superlative! *Tgl. 10–18
Uhr | Eintritt £ 14 | www.edenproject.
com | St. Austell. 20 km nordöstlich*

LANHYDROCK HOUSE   [116 C4]
Dieser Landsitz inmitten einer herrlichen, 4 km² großen Parklandschaft

Wie aus einem SciFi-Film: Eden Project – die Vegetation der ganzen Welt unter Kunststoff

■ ZIELE IN DER UMGEBUNG

EDEN PROJECT ★   [116 C4–5]
Ihr Anblick ist unwirklich und erinnert irgendwie an einen Science-
Fiction-Film: drei gigantische Kunst-
stoffkuppeln – eingebettet in grüne
Hügel. Darunter wachsen und gedei-
hen Pflanzen aus der ganzen Welt. In
einem Krater, den die Industrie hier
hinterließ, schuf der anglohollländi-
sche Popproduzent Tim Smit dieses
größte Gewächshaus der Erde mit

ist zweifellos der stattlichste ganz
Cornwalls: 50 im viktorianischen Stil
möblierte Räume mit Deckenmale-
reien aus dem 18. Jh. können Sie hier
entdecken. Außer den repräsentati-
ven Räumen der einstigen Besitzer
sind u. a. der schöne Küchensaal sowie lauter Dienstbotenbereiche vom
Schlafzimmer bis zur Gepäckkam-
mer zu sehen, die Ihnen ein ein-
drucksvolles Bild vom Leben „below
stairs" eines viktorianischen Landsit-

zes vermitteln. *Ostern–Okt. Di–So 11–17.30 Uhr | Eintritt £ 9. 40 km nordöstlich*

THE LOST GARDENS OF HELIGAN [116 C5]

Im 19. Jh. gehörten die Gärten zu den schönsten Englands, dann aber überwucherten sie und – kaum zu glauben – man vergaß sie. Erst 1990 wurden sie wiederentdeckt und als lebendes Gartenbaumuseum des 19. Jhs. in ihren ursprünglichen viktorianischen Zustand zurückversetzt. In Heligan eröffnet sich die ganze Palette der Gartenbaukunst und -nutzung: Es gibt Nutzgärten mit Beeten voll heimischer Gemüse und Gewächshäuser, in denen Ananas und Zitronen gedeihen. Es gibt den so genannten Dschungel, der so dicht, üppig und exotisch wächst, dass Sie sich kaum mehr in England wähnen. Selbst das Außengelände mit dem wild und geheimnisvoll wirkenden „lost valley" ist Teil des Gartenkonzepts. Schöner Shop mit eigenen Produkten. *Tgl. 10–18 Uhr | Eintritt £ 8,50 | www.heligan.com | Pentewan. 17 km östlich*

POLPERRO ⭐ [117 D5]

Hinreißend schönes Hafenstädtchen in einer kleinen Bucht. Falls Sie glauben, es schon einmal gesehen zu haben – durchaus möglich: Polperro diente als Kulisse für Rosamunde-Pilcher-Verfilmungen. Seine Geschichte ist allerdings weit weniger lieblich. Das *Smuggler's Museum (tgl. 10–18 Uhr | £ 1,50)* widmet sich dem einst florierenden Geschäftszweig der Gegend, dem auch Polperro seinen Wohlstand verdankte: dem Schmuggel und der Plünderung gestrandeter Schiffe. *30 km östlich*

ST. MAWES [116 B5]

König Heinrich VIII. ließ seinerzeit das *Schloss* von St. Mawes zum Schutz vor den Franzosen errichten, ein schönes Beispiel für die Tudorarchitektur des 16. Jhs. Statten Sie auch der *Kirche St. Just* einen Besuch ab, bevor Sie die *Halbinsel Roseland* sowie *Portscatho* und *Veryan* erkunden. *15 km südlich*

TRELISSICK GARDENS ❀ [116 B5] *Insider Tipp*

Ein Garten voller Magnolien, Kamelien und Rhododendren, der Ihnen zugleich einen Blick über die Reede von Falmouth bietet. *März–Okt. tgl. 10.30–17.30 Uhr Eintritt £ 6,60 | Feock. 7 km südlich*

▶LOW BUDGET

▶ Das englische Jugendherbergswerk baut um: Manche Häuser sind so bequem wie ein Hotel, bieten gutes Essen und haben eine Bar. Eines der ersten „5-Sterne-Hostels" liegt an den Klippen von Lizard Point: ein ehemaliges ❀ Hotel aus dem 19. Jh. mit Familienzimmern und Panoramablick. *Lizard Point | Tel. 0870/770 61 20 | Fax 770 61 21 | Übernachtung ab £ 15,50 | www.yha.org.uk*

▶ „Rockpooling" ist eine der schönsten Beschäftigungen fast überall in Cornwall und kostet gar nichts. Rockpools heißen die Tümpel und Felsbecken, die bei Ebbe noch mit Wasser gefüllt sind und eine wunderbare Welt voller Meerespflanzen und -tieren bieten. Mit dem passenden Buch (z.B. „Düne, Strand und Wattenmeer", Kosmos Verlag) können Sie ihre Funde selbst bestimmen.

1 CORNWALL LITERARISCH ERWANDERN

Berühmte Schriftsteller haben sich in die Halbinsel Cornwall verliebt; der äußerste Südwesten Englands ist oftmals Handlungsort ihrer Bücher. Cornwall literarisch zu erwandern ist deshalb besonders ergiebig. Der „Hall Walk" oder Königsweg, eine der 100 schönsten Wanderungen in Großbritannien, bringt Ihnen die Landschaft näher, die die Bestseller-autorin Daphne du Maurier so geliebt und in ihren Werken so anschaulich geschildert hat. Der Parcours ist 6 km lang. Sie benötigen dafür gute zwei Stunden – den Genuss der schönen Ausblicke selbstverständlich mit eingerechnet.

„Rebecca" oder der Hitchcock-Klassiker „Die Vögel" – nur wenige denken bei diesen Filmtiteln daran, dass dahinter die englische Schriftstellerin Daphne du Maurier (1907–89) steht. Fast alle ihre Geschichten

Bild: Die Gärten von Sissinghurst Castle

AUSFLÜGE & TOUREN

sind in Cornwall angesiedelt. Ein eigener Genuss ist es, die Klippen, Felder und Bauernhöfe ausfindig zu machen, die in den Romanen der Maurier auftauchen. Eine ihrer Lieblingswanderungen war der *„Hall Walk"*.

Die kleine Autofähre kurz hinter der Touristeninformation in Fowey bringt Sie ans andere Ufer, nach **Bodinnick**. Bei der Überfahrt springt Ihnen ein in Blau-Weiß gehaltenes Haus ins Auge: **Ferryside**. Genauso ging es

Daphnes Familie, als sie Mitte der 1920er-Jahre hier ankam. Es war dieses Haus, das ihre Verbundenheit mit der Region begründete. Daphnes Mutter soll sich vor dem Hauskauf erst einmal in dem einladenden **Old Ferry Inn** neben der Anlegestelle gestärkt haben. Das können auch Sie tun, bevor Sie die leicht ansteigende Straße hinaufgehen und rechter Hand den historischen „Hall Walk" nach **Polruan** (ausgeschildert) beginnen.

Der ✻ Wanderweg verläuft hoch über der Bucht auf bewaldeten Klippen und garantiert großartige Ausblicke auf den Hafen, die Bucht und das gegenüberliegende Fowey. Der erste markante Punkt ist **Penleath Point**. Dort erinnert ein Denkmal an Daphnes Mentor, den Schriftsteller Sir Arthur Quiller-Couch. Die Wanderung geht nach links weiter entlang dem **Pont Pill** und dann hinunter zur **Fußgängerbrücke**. Die Brücke war früher ein wichtiger Umschlagplatz für die Bauern. Die damals üblichen Preise für den Transport von Getreide und Bauholz stehen auf dem Schild, das am Landhaus angebracht ist.

Auf dem schmalen Weg vorbei am Landhaus gehen Sie hinauf zur **Langteglos-Kirche**. Von dort spazieren Sie weiter in Richtung Polruan. Auf halber Höhe zwischen der Kirche und einem Farmhaus weist linker Hand ein Schild den Weg dorthin. Er steigt zunächst etwas an und führt dann direkt in das kleine Dorf hinunter. Mit der Fähre (letzte Fahrt im Sommer gegen 23 Uhr) gelangen Sie von Polruan zurück nach **Fowey**. In diesem charmanten Fischerdorf mit dem Auf und Ab der gewundenen Gässchen gibt es vieles zu sehen, was mit dem Leben und Schaffen Daphne du Mauriers zu tun hat. Gleich links neben der Anlegestelle führt der Weg zur **Readymoney-Bucht**, wo die Schriftstellerin während des Zweiten Weltkriegs lebte, nachdem sie „Ferryside" verlassen musste. Doch wirklich bedeutsam war für sie nur *ein* Haus. Sie hatte immer wieder davon gehört und es ganz zufällig bei einer ihrer Wanderungen entdeckt: „**Menabilly**". Dieses Anwesen – in „Rebecca" heißt es

„Manderley" – ist seit fast fünf Jahrhunderten im Besitz der Familie Rasleigh und war zeitweise an die Maurier vermietet. Das Haus selbst kann nicht besichtigt werden; nur den Weg dorthin können Sie erspähen.

2 UNTERWEGS ZU DEN SCHÖNSTEN GÄRTEN

🚗 Der Südosten ist eine üppig bewachsene Region mit sanften Hügeln, altem Baumbestand und kleinen Landstraßen, die im Sommer tunnelartig überwachsen sind. Eingebettet in diese Landschaft liegen viele der Öffentlichkeit zugängliche Gärten. Sie wurden zumeist von einer Person angelegt, deren Sinn für Tradition oder individueller Geschmack jedem Garten seinen eigenen Stil verlieh. Wenn Sie alle vier Gärten sehen wollen, planen sie für die Strecke von ca. 65 km zwei Tage ein.

Die Tour beginnt in *Great Dixter* ^{Inside Tipp} (in Northiam, 11 km nordwestlich von Rye an der A 268). Um den pittoresken Familiensitz hat Christopher Lloyd seiner Freude an Experimenten freien Lauf gelassen. Man sieht ungewöhnliche Farb- und Pflanzenkombinationen. In vielen Beeten gedeihen Stauden so dschungelartig, dass man kaum durchkommt, während der Bewuchs andernorts von Eibenhecken im Zaum gehalten wird *(April–Okt. Di–So 11–17 Uhr | Eintritt £ 6,50).*

Über die A 268 nach Hawkhurst, dann die A 229 in Richtung Norden und rechts auf die A 262 geht es dann nach **Sissinghurst Castle** (S. 42) weiter *(April–Okt. Fr–Di 11–18.30 Uhr | Eintritt £ 8,10).* Dieser Garten gehört zu den meistbesuchten des Landes. Es empfiehlt sich, früh am Vormittag oder erst nach 15 Uhr anzukommen, wenn die Busgruppen fort sind. Hier sehen Sie ein typisches Gestaltungsmerkmal englischer Gärten des 20. Jhs.: Die Kombination von strenger, durch Wege und Hecken vorgegebener Ordnung mit dicht gepflanzter und überbordender Blütenpracht. Für ihre geschickte Wahl der Pflanzen und deren farbliche Abstimmung wird die Schöpferin des Gartens, Vita Sackville-West, noch heute bewundert.

Westlich auf der A 262, dann bei Lamberhurst nach links auf die A 21 in Richtung Süden erreichen Sie **Scotney Castle** *(Mitte März–Okt. Mi–So 11–17.30 Uhr | Eintritt £ 5,90).* Als Kontrast zu den Blumenbeeten von Sissinghurst und Great Dixter findet man hier eine hügelige Parklandschaft mit einer Burgruine aus dem 14. Jh.. Die beste Zeit für einen Besuch sind Mai und Juni, wenn sich die blühenden Rhododendren und Azaleen im Wassergraben spiegeln. Die Familie Hussey zog Mitte des 19. Jhs. in den nahe gelegenen neuen Herrensitz und ließ die Burg zur malerischen Ruine umbauen: Scotney Castles' romantische Anmutung war also sorgfältig geplant.

Die Route führt südlich weiter auf der A 21 bis Hurst Green, wo Sie rechts auf die A 265 abbiegen und bei Burwash das **Haus Batemans** *(März–Okt. Sa–Mi 11–17 Uhr | Eintritt £ 6,50)* erreichen. Den Landsitz aus dem 17. Jh. kaufte sich Literaturnobelpreisträger Rudyard Kipling 1902. Sein bekanntestes Werk ist „Das Dschungelbuch". Er ließ sich von dem ausgedehnten Garten, der sich bis zur Wassermühle am River Dudwell erstreckt, inspirieren. Besonders attraktiv ist der Kräutergarten, sehenswert auch das Haus mit dem Arbeitszimmer des Dichters und seinem Rolls Royce in der Garage.

Die Spuren Daphne du Mauriers führen zuerst auf die Fähre bei Fowey

EIN TAG IN BRIGHTON

Action pur und einmalige Erlebnisse.
Gehen Sie auf Tour mit unserem Szene-Scout

SMOOTH MORNING!

9:00

Der Tag startet fruchtig – mit einem frischen Smoothie, duftendem Fair-Trade-Kaffee und knusprigen Brötchen im *Sejuice*. Auf einem der superbequemen Sofas entspannt in den Tag starten und beobachten, wie die Gegend um die beliebte Bummelmeile North Laine langsam zum Leben erwacht. **WO?** *56 Gardner Street | Tel. 01273/69 00 35 | www.sejuice.co.uk*

10:30

KÜSTENTOUR MAL ANDERS

Auf zur ganz speziellen Strandtour! Sich per Rikscha über die Strandpromenade chauffieren lassen. Zwischendrin kurz anhalten, die Füße ins Wasser tauchen und den Ausblick aufs Meer genießen. Die Luft ist frisch und sauber – die motorisierten Tuc Tucs werden absolut umweltfreundlich betrieben! **WO?** *Kings Road/Marine Parade | Tuc Tuc Taxi unter Tel. 01273/20 50 00 | Kosten: ab £ 2,50*

BIO? LOGISCH!

13:00

Schlemmen à la Brighton: Im *Nia* sind alle Zutaten biologisch und aus der Region. An alten Holztischen vor Glasfronten köstlichste Fusion-Küche genießen, z.B. Steak mit karamellisierten Zwiebeln, Limone und Kapern-Mayo. Lecker! **WO?** *87–88 Trafalgar Street | Tel. 01273/67 13 71 | www.nia-brighton.co.uk*

14:00

RICH & FAMOUS ZUM ANFASSEN

Mit Brightons *Blue Badge Guide* Glenda Clarke auf den Spuren von *The Who* oder *Fatboy Slim* wandeln und das eine oder andere Geheimnis aus deren Leben mit nach Hause nehmen. **WO?** *Brighton Walks | Kontakt: info@brighton-walks.com | nur mit Anmeldung: Tel. 01273/88 85 96 | Dauer: 1 ¾ Std. | www.brightonwalks.com*

24 h

SPEED! **16:00**

Schnell, schneller, *Zap Cat*! Mit dem Power-boat durch die Bay düsen! Bei entspanntem Wellengang lässt der Skipper auch Anfänger mal ans Steuer. **WO?** *Lagoon Watersports, Pontoon 6, West Jetty/Brighton Marina | Kosten: £ 142,50/2 Personen | Anmeldung unter Tel. 01273/68 42 60 | www.lagoon.co.uk*

17:00 ### SÜSSE VERFÜHRUNG

Zuckersüßer Zwischenstopp in der *Choccywoccy-doodah Bar du Chocolat*! Auf einem der flauschigen Sessel vor Graffitidekor Platz nehmen und aus dem Staunen nicht mehr herauskommen: Die Torten der abgefahrenen Chocolatiers sehen mit farbigen Blüten, riesigen Sahne-Hüten oder irren Accessoires unglaublich aus! Ein Stück bestellen und einfach nur genießen. **WO?** *27 Middle Street | www.choccywoccydoodah.com*

KULTUR PUR **20:00**

Auf geht's zum Rundum-Kultur-Programm: Im *Komedia Theatre* reihen sich Theater, Comedy Club und Studio Bar aneinander. Auf den Bühnen gibt's Jazz, Comedy, Poetry Slam und mehr, dazu ein frisches Ale. Typisch britisch! **WO?** *44–47 Gardner Street, East Sussex | wechselndes Programm (Mo. geschlossen) | www.komedia.co.uk*

22:00 ### ALLROUND-WARM-UP

Auf der Suche nach der perfekten Nightlife-location? In der *Koba Bar* auf Entdeckungstour gehen und fündig werden: Der In-Laden ist ein Labyrinth unterschiedlicher Bars mit verschiedensten Styles und Gästen! Die coolste Atmo aussuchen und einen der 130 Cocktails auswählen. **WO?** *135 Western Road | www.kobauk.com*

> SPORTING BRITAIN

Vom Angeln bis zum Wandern: Sport ist des Engländers
liebstes Thema

> Gehen Sie in einen Pub, und Sie werden
eines feststellen: Die Engländer sprechen
immer wieder über Sport. Ständig werden
die Fußballresultate diskutiert, und samstags sind alle Straßen verstopft, wenn
Rugby gespielt wird. Über eines sind die
Engländer jedoch untröstlich: Zwar wurden viele Sportarten auf der Insel erfun-
den, dennoch gehört man heute nur noch
bei wenigen zur Weltspitze.

Das hält jedoch nicht davon ab, sich
sportlich zu betätigen. Dorfanger und
Gemeindewiesen werden jeden Sonntag zum Kricketfeld. Auch Tennis und
Golf zählen zum Volkssport. Überall
gibt es öffentliche Plätze, für die nur
eine geringe Gebühr direkt am Platz
erhoben wird. Sie können sich vor der
Reise über das Sportangebot bei
www.visitbritain.de informieren.

▪ ANGELN

Die Anglervereinigung ist die größte
Sportorganisation des Landes. Kein

Bild: Golfen über Newquays Klippen

SPORT & AKTIVITÄTEN

Wunder bei so einer abwechslungsreichen Küste und den vielen Flüssen und Seen, die sauberer sind denn je. Für das Angeln im Meer braucht man keine Zulassung, ansonsten muss man sich bei der lokalen Behörde, meistens die örtliche Post, eine *rod licence* (Angelgenehmigung) besorgen. Besonders beliebt ist das Angeln auf Lachs. Forellen- und Lachsfischen im Fluss *Test*, nördlich von Southampton, ist auch zu empfehlen. Auskunft über Lachs- und Forellenangeln in Südengland: *www.fishing.co.uk*

FLUSS- UND KANALFAHRTEN

Die besten Wasserwege in Südengland für einen Urlaub auf dem Boot sind die Themse und der Kennet-and-Avon-Canal. Auskunft: *Kennet Cruises | Tel. 0118/987 11 15 | www.kennetcruises.co.uk | www.waterscape.com*

Insider Tipp

GOLF

Das Land ist ein Traum für Golfspieler. Nicht nur, dass es vielerorts ein Massensport und überhaupt nicht versnobt ist. Die Auswahl der Plätze ist riesengroß. Der *Royal Cinque Ports Golf Club* in *Sandwich* (Kent) ist sehr bekannt. Hier werden die Open Championships ausgetragen. In *Cornwall* sind die Anlagen *Cape Cornwall Golf & Country Club (St. Just | Tel. 01736/78 86 11)* oder der *West Cornwall Golf Club (Lelant | Tel. 01736/75 33 19)* sehr beliebt. Über *wwww.englishgolf-courses.co. uk* findet man Golfplätze in allen Landesteilen. Eine Runde Golf kostet ab £ 20 aufwärts, auf berühmten Plätzen erheblich mehr, auf öffentlichen Plätzen ab £ 10.

PARAGLIDING

Nationales Zentrum für diesen Extremsport ist die *Isle of Wight* mit zwölf Flugstellen für die verschiedenen Windrichtungen. Organisator der Kurse ist die *Britische Hanggliding und Paragliding Association | Tel. 0116/261 13 22 | www.bhpa.co.uk.*

PFERDESPORT

Die Briten sind große Pferdeliebhaber, Rennen die Höhepunkte im gesellschaftlichen Kalender: Viele halten die Rennstrecke in *Goodwood* für die schönste der Welt *(www.glo riousgoodwood.co.uk | Tagesticket ab £ 15).* Weltweit berühmt ist das *Royal Ascot* (bei London) im Juni. Weitere Wettkämpfe finden regelmäßig im ganzen Land statt und sind wegen ihres typisch englischen Flairs einen Besuch wert. Wer lieber selbst reitet, ist in Südengland gut aufgehoben:

Es gibt unzählige Möglichkeiten für Reiturlaub. Auskunft: *The British Horse Society | Tel. 08701/20 22 44 | www.bhs.org.uk*

RADFAHREN

Die Landschaft bietet konditionsstarken Radfahrern hervorragende Touren, doch sind die Engländer keine großen Radfreunde, und es gibt zu wenige Radwege. Mit neu konzipierten Fernstrecken, z. B. dem *Camel Trail* bei Padstow in Cornwall und der Route durch das Themse-Tal, schafft die Organisation *Sustrans (www.sus trans.co.uk)* nach und nach Abhilfe.

SEGELN & SURFEN

Segeln ist in der alten Seefahrernation bis heute sehr beliebt. Im *Solent,* zwischen dem Süden des Landes und der *Isle of Wight,* tummeln sich die Segelboote und Yachten. Hoch im Kurs stehen Segelregatten wie die *Torbay Royal Regatta,* eine der größten im ganzen Land. Auskunft über Segelclubs und -kurse gibt die *Royal Yachting Association (Tel. 0238/ 062 74 00 | www.rya.org.uk).*

Der Norden Cornwalls ist das Mekka der Surfer. Berühmt ist *Newquay* mit seinen elf Stränden, die sich über 10 km ziehen und wo das ganze Jahr über nationale und internationale Meisterschaften im Surfen ausgetragen werden. Wer Surfen lernen will, hat viele Schulen zur Auswahl Informationen unter *www.surfnew quay.co.uk*

TAUCHEN

Ebbe und Flut, Kriege und Kollisionen von Schiffen haben die Südküste in ein Eldorado für Taucher verwan-

SPORT & AKTIVITÄTEN

Insider Tipp

delt. Etwa 1500 Schiffe liegen vor der Küste zwischen *Bude* und *Hartland Point* in Cornwall. Die *Australien*, 1918 von einem Torpedo getroffen, liegt vor *Dungeness* in Sussex, vor *Newhaven* liegt die bekannte *Harlequin*. Jeder Tauchgang fördert garantiert kleine Schätze zu Tage. In *Hampshire* gibt es eine Unterwasser-Trainings-Plattform (*Horsea Island Dive Centre | West Bund Road | Port Solent | Portsmouth | Tel. 023/ 92 38 56 42, www.horseadivecentre. com*). Spannend ist auch das Tauchen im *Solent* mit seiner abwechslungsreichen Unterwasserfauna. Wie auch in anderen Ländern muss man über einen internationalen Tauchschein verfügen. Die Tauchgänge werden organisiert. Mehr Infos über die Taucherorganisation *PADI (www.padi. com)*, Links zu Tauchvereinen bei www.ukdiving.co.uk.

WANDERN

Die englische Wanderorganisation, die *Ramblers Association*, ist eine der einflussreichsten im Land. Sie setzt sich in den letzten Jahren aktiv dafür ein, dass die Wanderer das Recht bekommen, überall durch die Landschaft zu spazieren, selbst auf privaten Grundstücken. Der *South West Coast Path* ist der bekannteste Wanderweg im Süden. Phantastisch und durchaus anspruchsvoll sind Exkursionen im *Dartmoor* oder *Exmoor National Park*. Sie sind nicht zu unterschätzen. Immer wieder verirren sich Touristen im Nebel der Moore. Ähnlich spektakulär ist der *South Downs Way*, der von Eastbourne nach Winchester führt – vorbei an den berühmten Klippen von Beachy

Head. Eine Routenauswahl finden Sie unter www.walkingworld.com. Besonders schön sind auch die Touren in den *South Downs*. Infos unter www.nationaltrail.co.uk

Ein himmlisches Vergnügen: Schweben über der Isle of Wight

> RENNER SIND DIE ERLEBNISPARKS

Südengland ist ganz auf Kinder eingestellt.
Und die Natur legt ihr Bestes noch drauf

> Junge Touristen sind hier sehr willkommen. Überall gibt es Themenparks, Abenteuerinseln, Zoos und Karussells auf den Strandpromenaden. Die Museen, der National Trust, der English Heritage und die Herrenhäuser sind mit Spielen und Computern auf Kinderinteressen ausgerichtet. Inmitten berühmter Sehenswürdigkeiten locken oft Abenteuerspielplätze, Seen mit Bootsverleih oder Miniatureisenbahnen. Die staatlichen Topmuseen gewähren freien Eintritt; Erlebnisparks und andere Attraktionen sind aber oft recht teuer. Die hier genannten Preise für Familientickets gelten in der Regel für zwei Erwachsene und zwei Kinder bei Kauf vor Ort; **per Onlinekauf oder telefonischer Vorbuchung wird es oft erheblich billiger.** *Inside Tipp*

■ DER SÜDOSTEN ■

BLUEBELL RAILWAY [120 C5]
Beliebte Dampfeisenbahn mit alten Lokomotiven und Waggons auf einer

Bild: Karussell auf dem Brighton Pier

MIT KINDERN REISEN

15 km langen Strecke ab Sheffield Park, nördlich von Lewes an der A 275. *April–Okt., wechselnde Fahrpläne | Tel. 01825/72 08 25 | Rückfahrkarte Familie £ 30*

BRIGHTON PIER [120 C5]

Beinahe jedes Seebad in England hat einen Vergnügungspark, der in Design und Farbigkeit sehr an deutschen Rummel erinnert. Der Brighton Pier mit seinen Karussells, Fish'n'Chips-Ständen und der Amüsierarkade für Kinder jeder Altersgruppe ist der berühmteste im Land. *Tgl. 9–24 Uhr*

CHESSINGTON WORLD OF ADVENTURE [120 B3]

Dieser Erlebnispark hat so viele Attraktionen, dass man sie an einem Tag gar nicht alle ausprobieren kann. Selbst Tiere gibt es, denn früher haben sie sich hier im Zoo getummelt. Neu seit 2008: *Sealife Aquarium* auf **Insider Tipp** dem Gelände. Rasante Fahrten wie *Rameses Revenge, Vampire* und *Dragon Falls* sind sehr beliebt. Für Kinder bis 13 Jahre interessant. *Tgl. 10–17 Uhr | Eintritt £ 22/15 bei Vorbuchung unter Tel. 0870/999 00 45 oder www.chessing ton.com | Surrey (südlich von London, M 25, Ausfahrt 9 oder 10) |*

THORPE PARK　　　　[120 B3]
Der maritime Erlebnispark erinnert an ein Fischerdorf, nur geht es nicht so beschaulich zu. Viele adrenalinfördernde Erlebnisse, Wasserfälle und Donnerflüsse bestimmen die Szene. Für kleine Kinder sind der künstliche Strand und die Farm der Knüller, die sie per Wasserbus oder Minizug erreichen. *Tgl. 10–17 Uhr | Eintritt £ 22/15 bei Vorbuchung unter Tel. 0870/444 44 66 oder www.thorpepark.com | südwestlich von London, M 25, Ausfahrt 11 oder 13*

■ DER SÜDEN
DINOSAUR ISLE　　　　[119 F6]
Die Kinderattraktion der Isle of Wight, wegen der vielen Fossilien auch Dinosaurierinsel genannt, ist dieses imposante Museum, das einem gigantischen fliegenden Reptil ähnelt. Anlass: An der Südküste wurden Reste eines Eotyrannus, eines Vorfahren des T-Rex, gefunden. *Tgl. 10–18, Okt–März bis 16 Uhr | Familie £ 13,50 | Culver Parade | Sandown*

MARWELL TIERPARK UND ZOO　　[119 F4]
Wer erwartet sibirische Tiger, Schneeleoparden und Nilpferde in Südengland, und dazu noch mitten im Freien? Seit 1972 gibt es diesen Park, der sich vor allem um vom Aussterben bedrohte Tiere kümmert. Wenn Sie sich in ein Tier vernarrt haben sollten, fragen Sie ruhig nach. Es gibt Möglichkeiten der Adoption. *Tgl. 10–18, Okt–März bis 16 Uhr | Familie £ 43,50 | 12 km südlich von Winchester | B 2177 | Eastleigh*

NATIONAL MOTOR MUSEUM　　[119 E5]
Das Museum, umgeben von den Anlagen der Abtei Beaulieu, ist für jede Altersgruppe geeignet. Über 250 Modelle werden ausgestellt. Sogar eine Autowerkstatt aus den 30er-Jahren gibt es zu inspizieren. Durch interaktive Spiele wird erklärt, wie ein Motor funktioniert. Gokarts und Minibikes runden die Sache so richtig ab. *Tgl. 10–18, Okt–Mai bis 17 Uhr | Familie £ 41,50 | Beaulieu | New Forest | www.beaulieu.co.uk*

■ DER WESTEN
GO APE!　　　　[117 F3]
Voll im Trend: Tarzan spielen im Wald. Klettern, schwingen, abseilen und gleiten – gut angeschnallt, durch Leitern und Netze gesichert. Go Ape! („Den Affen spielen") betreibt 16 Abenteuerspielplätze für Jung und Alt im ganzen Land, dieser in Devon wurde 2008 eröffnet. Weitere in Südengland: Leeds Castle, Kent, sowie in den Grafschaften Surrey und Dorset. *Tgl. Ostern–Okt. | Eintritt Erwachsene £ 25, Kinder £ 20 | Vorbuchung empfohlen unter Tel. 0845/643 92 15 oder www.goape.co.uk | ca. 10 km südwestlich von Exeter an der A38*

HÖHLEN VON WOOKEY HOLE　　[118 B3]
Über Tausende von Jahren hat die Kraft des Wassers ein weitläufiges Höhlensystem unter den Mendip Hills

Insider Tipp

Insider Tipp

geschaffen. Vor 2000 Jahren wohnten Menschen in den Höhlen. Heute sind die vier Haupträume zu sehen: Die *Goatherd Chamber,* die *Hexenküche,* die *Halle von Wookey* und der *große Hexensalon. Erste Tour 10, letzte 17 Uhr | Familie £ 45 | an der A 39 zwischen Wells und Cheddar*

■ DER SÜDWESTEN ■

DAIRYLAND   [116 B4]

Nicht Disneyland, sondern Dairyland heißt dieser Themenpark mit einer ganz besonderen Idee: Hier riecht es, sieht es aus und hört es sich an wie auf einem richtigen Bauernhof. Es gibt sogar eine virtuelle Kuh, die tgl. gemolken wird, richtige Traktoren und Landtechnik. *März–Okt. tgl. 10–17 Uhr | Eintritt £ 7,25/6,25 | 8 km südöstlich von Newquay | A 3085 | www.dairylandfarmworld.com*

NATIONAL SEAL SANCTUARY   [116 B6]

Seit 1958 kümmern sich die kornischen Wissenschaftler aktiv um die Pflege und Rettung der Seehunde. Manchmal werden auch Delphine in die Pools und das Krankenhaus des Zentrums aufgenommen. Die meisten können nach kurzer Zeit wieder in die Wildnis entlassen werden, die anderen freuen sich über die jungen Gäste. *Tgl. 9–17 Uhr | Eintritt £ 10,95/7,95 | Gweek | 10 km südwestlich von Falmouth | www.seal sanctuary.co.uk*

WATERWORLD   [116 B4]

Wenn das Meer vor Newquay zu kalt ist: Spaßbad mit 30° C warmem Wasser, Rutschen und Wasserkanonen, aber auch 25 m-Bahnen für Größere. *Trenance Leisure Park | Tel. 01637/85 38 28 | Eintritt £ 5,20*

Gegen eine Eispause zwischen den Vergnügungen ist nichts einzuwenden

> VON ANREISE BIS ZOLL

Urlaub von Anfang bis Ende: die wichtigsten Adressen und Informationen für Ihre Südenglandreise

▪ ANREISE

AUTO

Der Eurotunnel verbindet die französischen A 16 direkt mit der englischen M 20; Fahrtdauer 35 Min. Tickets können Sie vorab bestellen *(Tel. 0180/500 02 48)* oder in den Terminals in Calais und Folkestone kaufen. Mindestens 30 Min. vor Abfahrt am Check-In sein. Sie brauchen das Auto nicht zu verlassen. Preis ca. 150 Euro, 100 Euro für Nachtfahrten. Onlinebuchung: *www.eurotunnel.com*

BAHN

Der „Eurostar" fährt entweder von Köln über Brüssel oder von Paris direkt nach London-Waterloo. Kaufen Sie einen Brit Rail-Pass schon außerhalb Großbritanniens *(www.visitbritaindirect.com)*. Auf der neuen Schnellstrecke beträgt die Fahrzeit Köln–London über Brüssel 4 Std. 40 Min., Frankfurt–London über Lille ca. 6 Std.: echte Alternativen zum Flug.

FÄHRE

Die wichtigste und kürzeste Fährverbindung ist Calais–Dover: *P&O Ferries, www.poferries.com, Seafrance www.seafrance.net*. Alternativ dazu: Dünkirchen–Dover mit *Norfolk Line, www.norfolkline.com*; Boulogne–Dover mit *Speedferries, www.speedferries.com*; Oostende–Ramsgate mit *Transeuropa Ferries, www.transeu*

PRAKTISCHE HINWEISE

ropaferries.com; Dieppe–Newhaven und Le Havre–Portsmouth mit *Transmanche Ferries, www.transmanche ferries.com*; Cuxhaven–Harwich *mit DFDS, www.dfdsseaways.de*. Preise sind je nach Uhr- und Jahreszeit sehr unterschiedlich. Ein Standardticket kostet ab ca. 150 Euro, Onlinebuchung für alle Strecken, auch Eurotunnel: *www.directferries.de*

FLUGZEUG

Alle größeren Flughäfen bieten Direktflüge nach London. Der Londoner Flughafen Heathrow ist mit der U-Bahn (Piccadilly Line), dem Bus und dem Heathrow Express zu erreichen. Der Gatwick Rail Express verkehrt ständig zwischen Flughafen und Victoria Station. Billigflieger landen in Stansted. Der Zug bringt Sie in 45 Min. in Londons City. Von Stansted gibt es Direktflüge nach Newquay.

■ AUSKUNFT VOR DER REISE

VISITBRITAIN

Dorotheenstr. 54 | 10117 Berlin | Tel. 01801/46 86 42 (Ortstarif) | Fax 030/ 31 57 19 10 | www.visitbritain.de
Onlineshop: z. B. Pässe für Verkehrsmittel und Sehenswürdigkeiten: *www.visitbritaindirect.com*

AUS ÖSTERREICH

Dorotheenstr. 54 | 10117 Berlin | Tel. 0800/15 01 70 (gebührenfrei) | www. visitbritain.de

AUS DER SCHWEIZ

Dorotheenstr. 54 | 10117 Berlin | Tel. 0844/00 70 07 (Ortstarif) | www.vi sitbritain.de

■ AUTO

Vorsicht mit dem Linksfahren besonders beim Kreisverkehr *(round-*

▶ WAS KOSTET WIE VIEL?

▶ TEF	**3 EURO** für ein Kännchen
▶ BIER	**4 EURO** für ein Pint
▶ ESSEN	**15 EURO** für ein Mittagessen
▶ SNACK	**4 EURO** für ein Sandwichpack
▶ BENZIN	**1,50 EURO** für 1 l Normalbenzin
▶ BUSFAHRT	**2 EURO** für eine Stadtfahrt

about): Im Kreisverkehr hat derjenige Vorfahrt, der von rechts kommt. Folgen Sie dem Kreisverkehr im Uhrzeigersinn und betätigen Sie den linken Blinker, wenn Sie sich der Ausfahrt nähern, über die Sie den Kreisverkehr verlassen wollen. Höchstgeschwindigkeit in der Stadt 30 Meilen/ 48 km/h, auf Landstraßen 60 Meilen/ 97 km/h, auf Autobahnen 70 Meilen/

113 km/h. Pannenhilfe durch *AA Automobilclub (Tel. 0800/88 77 66), RAC Royal Automobile Club (Tel. 0800/82 82 82).*

◼ BANKEN

Banken sind Mo–Fr von 9.30 bis 15.30 Uhr geöffnet, in Städten oft auch samstags. Ansonsten können Sie sich am besten mit einer Eurocheque- oder Kreditkarte an den Automaten (gibt es in allen Orten), in Wechselstuben und Reisebüros mit Devisen eindecken. Fast überall können Sie auch mit Kreditkarte bezahlen.

◼ DIPLOMATISCHE VERTRETUNGEN

BOTSCHAFT DER BUNDESREPUBLIK DEUTSCHLAND
23 Belgrave Square | London SW1 | Tel. 020/78 24 13 00 | Fax 78 24 14 49 | www.london.diplo.de

BOTSCHAFT DER REPUBLIK ÖSTERREICH
18 Belgrave Mews | London SW1 | Tel. 020/73 44 32 50 | Fax 73 44 02 92

SCHWEIZER BOTSCHAFT
16 Montagu Place | London W1 | Tel. 020/76 16 60 00 | Fax 77 724 70 01

◼ EINREISE

Bürger der Europäischen Union benötigen einen Personalausweis oder Reisepass. Schweizer Bürger benötigen einen Reisepass oder die Identitätskarte mit der Pink Visitor Card, die bei der Einreise erhältlich ist.

◼ EINTRITTSPREISE

Freien Eintritt gewähren nur die staatlichen Topmuseen und Galerien. Viele Museen, Ausstellungen und Gotteshäuser verlangen ein hohes Eintrittsgeld. Etwa £ 5 sind für Schlösser, Herrenhäuser und Gärten zu entrichten, oft mehr. Familienkarten reduzieren den Preis etwas. Schnell bezahlt macht sich der *Great British Heritage Pass.* Er kostet 82,50 Euro für 15 Tage, 111 Euro für einen Monat, ist online *(www.visitbritain.de)* erhältlich und gewährt Zutritt zu mehr als 600 Sehenswürdigkeiten, darunter viele Höhepunkte einer Südenglandreise.

◼ GESUNDHEIT

In den Zentren des Nationalen Gesundheitssystems (NHS) und bei den Allgemeinen Ärzten (GP) werden Sie kostenfrei behandelt. In den Notaufnahmen der Krankenhäuser werden Sie sofort registriert, müssen sich jedoch auf lange Wartezeiten einrichten. Notruf: 999 (kostenlos). Die Apotheken *(pharmacy)*, die oftmals Bestandteil von Drogerien sind, haben während der üblichen Geschäftszeiten geöffnet.

◼ INTERNET

Alle Tourismusorganisationen des Landes, viele Hotels und Restaurants bieten ihren Service über das Internet an. Die Internetseiten von VisitBritain enthalten eine Fülle praktischer Informationen für Urlauber, Vorschläge für Reiseziele und Aktivitäten sowie Such- und Buchungsfunktionen für Unterkunft und Sehenswürdigkeiten: *www.visitbritain.com.* Weitere wichtige Internetadressen für Ihre Reise: *www.english-heritage.org.uk* und *www.nationaltrust.org.uk* für Infos über Sehenswürdigkeiten wie Schlösser und Parks;

PRAKTISCHE HINWEISE

www.goodbeachguide.co.uk für Infos über Einrichtungen und Wasserqualität; www.bbc.co.uk/weather oder www.wetteronline.de für die Wettervorhersage für jeden Ort. Fahrplanauskunft für alle Verkehrsmittel: www.traveline.org.uk

■ INTERNETCAFÉS

Internetcafés gibt es auf der Insel in allen Städten. Eine Liste findet man unter www.cafeindex.co.uk. Die führende Kette, *easyInternetcafe*, hat z.B. Filialen in Weymouth *(Einkaufzentrum Colwell Street)* und Torquay *(35 Fleet Street)*. Kosten im Internetcafé durchschnittlich £ 1 pro Std.

Hotspots sind in Großstädten weit verbreitet, auf dem Land und in kleineren Orten nur vereinzelt. Doch ihre Dichte wächst von Jahr zu Jahr. Viele sind bei www.myhotspot.co.uk gelistet. In den Filialen der großen Coffeebar- (Caffe Nero, Starbucks) und Fast-Food-Ketten kann man surfen.

■ MASSE & GEWICHTE

1 inch	=	2,54 cm
1 foot	=	12 inches = 30,48 cm
1 yard	=	3 feet = 91,4 cm
1 mile	=	1,61 km
1 acre	=	4047 m^2
1 pint	=	0,57 l
1 quart	=	2 pints = 1,14 l
1 gallon	=	4 quarts = 4,5 l
1 ounce	=	28,35 g
1 pound	=	16 ounces = 453,6 g

32° Fahrenheit = 0° C
68° Fahrenheit = 20° C

■ MEDIEN

Die nationalen Zeitungen – es wird zwischen seriösen *(Financial Times, Guardian, Times)* und Boulevardzeitungen *(Sun, Mirror)* unterschieden – sind informativ und preiswert.

■ NOTRUF

Polizei, Feuerwehr und Krankenwagen: *Tel. 999*

■ ÖFFENTLICHE VERKEHRSMITTEL

Mit den Bussen von National Express erreichen Sie jede Ecke des Landes.

WÄHRUNGSRECHNER

€	£	£	€
1	0,79	10	12,71
2	1,57	20	25,42
3	2,36	25	31,78
4	3,15	30	38,13
5	3,93	40	50,85
7	5,51	50	63,56
8	6,29	70	88,98
9	7,08	80	101,70
10	7,87	95	120,76

Günstig sind *day returns*. Buchen Sie sieben Tage vorher, sparen Sie noch einmal Geld *(Victoria Coach Station | 164 Buckingham Palace Road | London | Tel. 08705/80 80 80 | www.nationalexpress.com)*. Zu empfehlen ist der *National Express BritXplorer Pass*. Die günstigsten Busverbindungen von London in viele Städte Südenglands bietet *Megabus* (www.megabus.co.uk | preiswerte Onlinebuchung). **Insider Tipp**

Das Bahnnetz ist dicht. Intercityzüge verbinden die größten Städte. In den letzten Jahren waren die Züge jedoch nicht immer pünktlich. Die Preise sind recht hoch. Reduzieren Sie den Preis, indem Sie rechtzeitig buchen oder nach 9.30 Uhr fahren. Mit dem Kauf eines Bahnpasses vor Antritt der Reise kann man viel Geld sparen: *VisitBritain | Dorotheenstr. 54 | 10117 Berlin | Tel. 01801/ 46 86 42 | www.visitbritain.de. www. traveline.org.uk* gibt Fahrplanauskunft für alle Verkehrsmittel.

■ ÖFFNUNGSZEITEN

Die Geschäfte sind gewöhnlich von montags bis samstags von 9.30 bis 17.30 Uhr geöffnet, in den Haupteinkaufsstraßen der Städte auch am Sonntag von ca. 10.30 bis 16 Uhr.

■ POST

Postämter sind montags bis freitags 9–17.30, Sa bis 12.30 Uhr geöffnet. Oftmals befinden sie sich in Schreibwaren- oder Lebensmittelläden. Für Briefe nach Europa müssen Sie Marken mit einem E für 38 pence kaufen.

■ PREISE & WÄHRUNG

Großbritannien ist nicht Mitglied der Europäischen Währungsunion. Die Währungseinheit ist das Pfund Sterling £, bestehend aus 100 pence (p). Es gibt 5-, 10-, 20- und 50-Pfundscheine und Münzen von 1, 2, 5, 10, 20, 50 p und £ 1 und £ 2.

■ STROM

Die Netzspannung beträgt 240 Volt. Denken Sie an den Adapter, weil europäische Stecker nicht in englische Steckdosen passen.

■ TAXIS

Taxifahren mit den berühmten schwarzen Cabs ist teurer als in Deutschland, vor allem nach 22 Uhr. So genannte Minicabs sind wesentlich günstiger, können aber nur telefonisch bestellt werden.

■ TELEFON & HANDY

Für die Telefonzellen brauchen Sie Münzen (20 p, 50 p, £ 1) oder Kreditkarten. Telefonkarten sind wegen

WETTER IN PLYMOUTH

Jan.	Feb.	März	April	Mai	Juni	Juli	Aug.	Sept.	Okt.	Nov.	Dez.
8	8	10	12	15	18	19	19	18	15	11	9
Tagestemperaturen in ºC											
4	4	5	6	8	11	13	13	12	9	7	5
Nachttemperaturen in ºC											
2	3	4	7	8	7	7	6	5	4	2	2
Sonnenschein Std./Tag											
19	15	14	12	12	12	14	14	15	16	17	18
Niederschlag Tage/Monat											
9	9	9	9	11	13	15	16	15	14	12	11
Wassertemperaturen in ºC											

der weiten Verbreitung von Mobiltelefonen nicht mehr in Gebrauch. Die europäischen Handys GSM 900/1800 sind kompatibel. Die führenden Telefongesellschaften sind Vodafone, One2One, Orange und O^2. Beim Roaming spart, wer das günstigste Netz wählt. Mit einer englischen Prepaid-Karte entfallen die Gebühren für eingehende Anrufe auf Ihrem Handy. Prepaid-Karten wie die von *GlobalSim (www.globalsim.net)* oder Globilo *(www.globilo.de)* sind zwar teurer, ersparen aber ebenfalls alle Roaming-Gebühren. Und: Sie bekommen schon zu Hause Ihre neue Nummer. Immer günstig sind SMS. Hohe Kosten verursacht die Mailbox: noch im Heimatland abschalten!

Telefonnummern: Internationale Auskunft: 118505, Nationale Auskunft: 118500, bei Schwierigkeiten, Operator: 100. Vorwahl nach Deutschland: 0049, Österreich: 0043, Schweiz 0041. Vorwahl nach England 0044.

UNTERKUNFT
BED & BREAKFAST (B & B)
Eher kleine Pensionen als ein freies Zimmer im Privathaus. Sie bieten oftmals besseres Preis-Leistungs-Verhältnis als die Hotels und sind eine gute Möglichkeit, Land und Leute kennen zu lernen. Es gibt zahlreiche B & B-Agenturen, aber am besten bucht man vor Ort im Tourist Office oder vor der Reise über Visit-Britain.

FERIENWOHNUNGEN
Ferienwohnungen, die meist wochenweise zu mieten sind, sind verhältnismäßig teuer, jedoch preiswerter als die meisten B & Bs. Viele sind wunderschön gelegen. Zu den führenden Anbietern gehören *Hoseasons Country Cottages (Tel. 01502/50 25 88 | Fax 51 42 98 | www.hoseasons.co.uk)*. Der National Trust vermietet historische Häuser und Cottages *(PO Box 536 | Melksham | Wiltshire | SN12 8 SX | Tel. 0844/800 20 70 | www.nationaltrustcottages.co.uk)*. Der Landmark Trust vermietet denkmalgeschützte Häuser *(Shottesbrooke | Maidenhead | Berkshire | SL6 3SW | Tel. 01628/82 59 25 | www.landmarktrust.org.uk)*. Wer es gern exklusiv haben möchte, sollte *Hideaways* ausprobieren: *Tel. 01747/82 81 70 | www.hideaways.co.uk*

JUGENDHERBERGEN
Youth hostels sind für jedes Alter offen und sehr populär. Der Jugendherbergsausweis ist in den Herbergen erhältlich. *Adresse: Youth Hostels Association | Trevelyan House | Dimple Road | Matlock | Derbyshire | DE4 3YH | Tel. 01629/59 27 00 | Fax 59 26 27 | www.yha.org.uk*

ZEIT
In Großbritannien herrscht die Greenwich Mean Time (GMT), die Uhren gehen im Vergleich zur MEZ eine Stunde nach.

ZOLL
Waren für den persönlichen Bedarf (u.a. 3200 Zigaretten, 90 l Wein) sind bei der Ein- und Ausreise innerhalb der EU frei. Für Schweizer Bürger gelten hingegen enge Mengenbeschränkungen, u.a. 200 Zigaretten oder 50 Zigarren, 2 l Wein, 1 l Spirituosen.

„Sprichst du Englisch?" Dieser Sprachführer hilft Ihnen,
die wichtigsten Wörter und Sätze auf Englisch zu sagen

Aussprache

Zur Erleichterung der Aussprache sind alle englischen Wörter mit einer einfachen
Aussprache (in eckigen Klammern) versehen. Folgende Zeichen sind Sonderzeichen:

ə   nur angedeutetes „e" wie in bitte
θ   [s] gesprochen mit der Zungenspitze zwischen den Zähnen
'   die nachfolgende Silbe wird betont

■ AUF EINEN BLICK ■

Ja/Nein	Yes [jäs]/No [nəu]
Bitte/Danke	Please [plihs]/Thank you ['θänkju]
Gern geschehen.	You're welcome. [joh 'wälkəm]
Entschuldigung!	I'm sorry! [aim 'sori]
Wie bitte?	Pardon? ['pahdn]
Ich verstehe Sie/dich nicht.	I don't understand. [ai dəunt andə'ständ]
Können Sie mir bitte helfen?	Can you help me, please? ['kən ju 'hälp mi plihs]
Guten Morgen!	Good morning! [gud 'mohning]
Guten Abend!	Good evening! [gud 'ihwning]
Guten Tag! (je nach Tageszeit)	Good morning!/afternoon!/evening! [gud 'mohning/ahftə'nuhn/'ihwning]
Hallo! Grüß dich!	Hello! [hə'ləu]/Hi! [hai]
Wie ist Ihr/dein Name?	What's your name? [wots joh 'näim]
Mein Name ist …	My name is … [mai näim is]
Ich komme aus …	I'm from … [aim frəm]
… Deutschland.	… Germany. ['dschöhməni]
… Österreich.	… Austria. ['ohstriə]
… der Schweiz.	… Switzerland. ['switsələnd]
Auf Wiedersehen!	Goodbye! [,gud'bai]/Bye-bye! [,bai'bai]
Tschüss!	See you! [sih ju]/Bye [bai]
Hilfe!	Help! [hälp]
Rufen Sie bitte …	Please call … ['plihs 'kohl]
… einen Krankenwagen.	… an ambulance. [ən 'ämbjuləns]
… die Polizei.	… the police. [θə pə'lihs]

■ UNTERWEGS ■

Bitte, wo ist …	Excuse me, where's … [iks'kjuhs 'mih 'weəs]
… der Bahnhof?	… the station? [θə 'stäischn]

> *www.marcopolo.de/suedengland*

SPRACHFÜHRER ENGLISCH

… der Flughafen?	… the airport? [θə ˈeəpoht]
… die Haltestelle?	… the stop? [θə stɒp]
… der Taxistand?	… the taxi rank? [θə ˈtäksiränk]
Bus/Fähre/Zug	bus [bas]/ferry [ˈfäri]/train [träin]
Wo kann ich einen Fahrschein kaufen?	Where can I buy a ticket? [ˈweə kən_ai bai_ə ˈtikit]
Können Sie mir bitte sagen, wie ich nach … komme?	Could you tell me how to get to …, please? [ˈkud_ju ˈtäl me hau tə gät tə … plihs]
Gehen Sie geradeaus.	Go straight on. [gəu sträit ˈon]
Gehen Sie nach links/rechts.	Turn left/right. [töhn ˈläft/ˈrait]
Erste/Zweite Straße links/rechts.	The first/second street on the left/right. [θə ˈföhst/ˈsäknd striht on θə ˈläft/ˈrait]
nah/weit	near [niə]/far [fah]
Überqueren Sie …	Cross … [ˈkros]
… die Brücke.	… the bridge. [θə ˈbridsch]
… den Platz.	… the square. [θə ˈskweə]
… die Straße.	… the street. [θə ˈstriht]
Ich möchte … mieten.	I'd like to hire … [aid ˈlaik tə ˈhaiə]
… ein Auto …	… a car. [ə ˈkah]
… ein Fahrrad …	… a bike. [ə ˈbaik]
… ein Boot …	… a boat. [ə ˈbəut]
offen/geschlossen	open [ˈəupn]/closed [kləusd]
Eingang/Ausgang	entrance [ˈäntrəns]/exit [ˈägsit]
Wo sind bitte die Toiletten?	Where are the restrooms, please? [ˈweərə θə ˈrestruhms plihs]
Damen/Herren	Ladies [ˈläidies]/Gentlemen [ˈdschäntlmən]

◼ SEHENSWERTES ◼

Wann ist das Museum geöffnet?	When's the museum open? [ˈwäns θə mju'siəm ˈəupn]
Wann beginnt die Führung?	When does the tour start? [ˈwän das θə ˈtuə ˈstaht]
Altstadt	the old town [θi_ˈəuld ˈtaun]
Ausstellung	exhibition [ˌäksiˈbischn]
Gottesdienst	service [ˈsöhwis]
Kirche	church [tschöhtsch]
Palast	palace [ˈpälis]
Rathaus	town hall [ˈtaun ˈhohl]
Stadtplan	town map [ˈtaun ˈmäp]
Stadtzentrum	city [ˈsiti]/town centre [ˈtaun ˈsäntə]

DATUMS- & ZEITANGABEN

Montag	Monday ['mandäi]
Dienstag	Tuesday ['tjuhsdäi]
Mittwoch	Wednesday ['wänsdäi]
Donnerstag	Thursday ['θöhsdäi]
Freitag	Friday ['fraidäi]
Samstag	Saturday ['sätədäi]
Sonntag	Sunday ['sandäi]
heute/morgen	today [tə'däi]/tomorrow [tə'morəu]
täglich	every day ['äwri 'däi]/daily ['däili]
Wie viel Uhr ist es?	What time is it? [wot 'taim_is_it]
Es ist 3 Uhr.	It's three o'clock. [its 'θrih_ə'klok]
Es ist halb 3.	It's half past two. [its 'hahf pahst tuh]
Es ist Viertel vor 3.	It's quarter to three. [its 'kwohtə tə 'θrih]
Es ist Viertel nach 3.	It's quarter past three. [its 'kwohtə pahst 'θrih]

ESSEN & TRINKEN

Die Speisekarte, bitte.	May I have the menu, please. ['mäi ai häw θə 'mänjuh plihs]
Ich nehme …	I'll have … [ail häw]
Bitte ein Glas …	A glass of …, please [ə 'glahs_əw … plihs]
Besteck	cutlery ['katləri]
Messer/Gabel/Löffel	knife [naif]/fork ['fohk]/spoon ['spuhn]
Vorspeise	hors d'œuvre [oh'döhwr]/starter ['stahtə]
Hauptgericht	main course ['mäin 'kohs]
Nachspeise	dessert [di'söht]
Salz/Pfeffer	salt [sohlt]/pepper ['päpə]
scharf	hot [hot]
Ich bin Vegetarier/in.	I'm a vegetarian. [aim a ,wädschi'teəriən]
Trinkgeld	tip [tip]
Die Rechnung, bitte.	May I have the bill, please? ['mäi ai häw θə 'bil plihs]

EINKAUFEN

Wo finde ich …	Where can I find … ['weə 'kən_ai 'faind]
… eine Apotheke?	… a chemist? [ə 'kämist]
… eine Bäckerei?	… a bakery? [ə bäikəri]
… ein Kaufhaus?	… a department store? [ə di'pahtmənt stoh]
… ein Lebensmittelgeschäft?	… a food store? [ə 'fuhd stoh]
… einen Markt?	… a market? [ə 'mahkit]
Haben Sie …?	Have you got …? ['həw ju got]
Ich möchte …	I'd like … [aid 'laik]
Ein Stück hiervon, bitte.	A piece of this, please. [ə pihs əw θis plihs]

> www.marcopolo.de/suedengland

SPRACHFÜHRER

Eine Einkaufstüte, bitte. — A bag, please. [ə bäg plihs]
Das gefällt mir (nicht). — I (don't) like it. [ai (dəunt) laik_it]
Wie viel kostet es? — How much is it? ['hau 'matsch is it]
Nehmen Sie Kreditkarten? — Do you take credit cards?
[du_ju täik 'kräditkahds]

ÜBERNACHTEN

Ich habe bei Ihnen ein Zimmer reserviert. — I've reserved a room.
[aiw ri'söhwd_ə 'ruhm]
Haben Sie noch Zimmer frei? — Have you got any vacancies?
[hɔw ju got_,äni 'wäikənsis]

ein Einzelzimmer — a single room [ə 'singl ruhm]
ein Doppelzimmer — a double room [ə 'dabl ruhm]
mit Dusche/Bad — with a shower/bath [wiθ ə 'schauə/'bahθ]
Was kostet das Zimmer? — How much is the room?
['hau 'matsch is θə ruhm]

Frühstück — breakfast ['bräkfəst]
Halbpension/Vollpension — half board ['hahf' bohd]/full board ['ful bohd]

PRAKTISCHE INFORMATIONEN

Können Sie mir einen Arzt empfehlen? — Can you recommend a doctor?
[kən ju ,räkə'mänd ə 'doktə]
Ich habe hier Schmerzen. — I've got pain here. [aiw got päin 'hiə]
Ich habe Durchfall. — I've got diarrhoea. [aiw got daiə'riə]
Kinderarzt — pediatrician [,pihdiə'trischn]
Zahnarzt — dentist ['däntist]
Eine Briefmarke, bitte. — One stamp, please. [wan stämp 'plihs]
Postkarte — postcard [pəuskahd]
Wo ist bitte … — Where's … , please? ['weəs ... plihs]
… die nächste Bank? — … the nearest bank … [θə 'niərist 'bänk]
… der nächste Geldautomat? — … the nearest cashpoint …
[θə 'niərist 'käschpoint]

ZAHLEN

1	one [wan]	11	eleven [i'läwn]
2	two [tuh]	12	twelve [twälw]
3	three [θrih]	20	twenty ['twänti]
4	four [foh]	50	fifty ['fifti]
5	five [faiw]	100	a (one) hundred [ə ('wan) 'handrəd]
6	six [siks]	200	two hundred ['tuh 'handrəd]
7	seven ['säwn]	500	five hundred ['faiw 'handrəd]
8	eight [äit]	1000	a (one) thousand [ə ('wan) 'θausənd]
9	nine [nain]	1/2	a half [ə 'hahf]
10	ten [tän]	1/4	a (one) quarter [ə ('wan) 'kwohtə]

Isle of Wight

> UNTERWEGS IN SÜDENGLAND

Die Seiteneinteilung für den Reiseatlas finden Sie auf
dem hinteren Umschlag dieses Reiseführers

REISE ATLAS

A **B** **C**

1

Lundy
142

A T L A N T I C

2

Hartlan

Morwens

O C E A N

Buc

Ba

3
Cambeak
Point

Boscastle

King Arthur's
Castle
Tintagel   308   Dav
Cornwall   Cameltord
Coast   420

Port Isaac

Padstow Bay   Polzeath   B o d m i
Saint Kew   M o o
Padstow   Highway   11
Rock   Wadebridge   Colliford
6   Lake Res.

Seven Stones   39   389
Bedruthan Steps   216   Bodmin
Cromwell's   St Martin's   8   Lanhydr
Castle   Tresco Abbey   216   Lanivet   House
Bryher   Tresco   St. Columb   9   Restor
Hugh Town   5   Major   Castle
St Mary's   Penzance   Watergate Bay   30   209   20
Isles of Scilly   St. Columb Minor   12   Lostwithiel
St Agnes   Newquay   392   391   12   390
Fraddon   Saint   Fowey
Perranporth   11   Mitchell   Blazey   1
149   5   St. Austell
Saint Agnes   Resemullion   Far
39   Probus   Grampound   Lost Gardens
Cornwall Coast   Trewithen   of Heligan
Portreath   35   Truro   House   Mevagissey
St Ives Bay   4   Tregony
Saint Ives   Camborne   15   Portloe
Zennor   Redruth   39   Dodman Point
Carbis Bay   Stithians   Trelissick
Chysauster   252   23   Saint Mawes
Morvah   Hayle
Chun Castle   Leedstown
Botallack   Penzance   Marazion   Edgcumbe   Falmouth-Penryn
Mine   St Just   Helston   Falmouth Bay
Cape   Breage   394   Gweek   Glendurgan
Cornwall   St Michael's   Saint Keverne   Garden
Sennen   Mount   Porthleven   Manacle Point
Land's   Treen   Mousehole   Cury   Lizard Peninsula
End   Logan Rock   Mount's Bay   Cross   Coverack
Minack   Mullion   112   Black Head
Theatre   Isles of Scilly   Mullion Cove   3083
Lizard Town
Lizard
Point   **116**

4

5

6

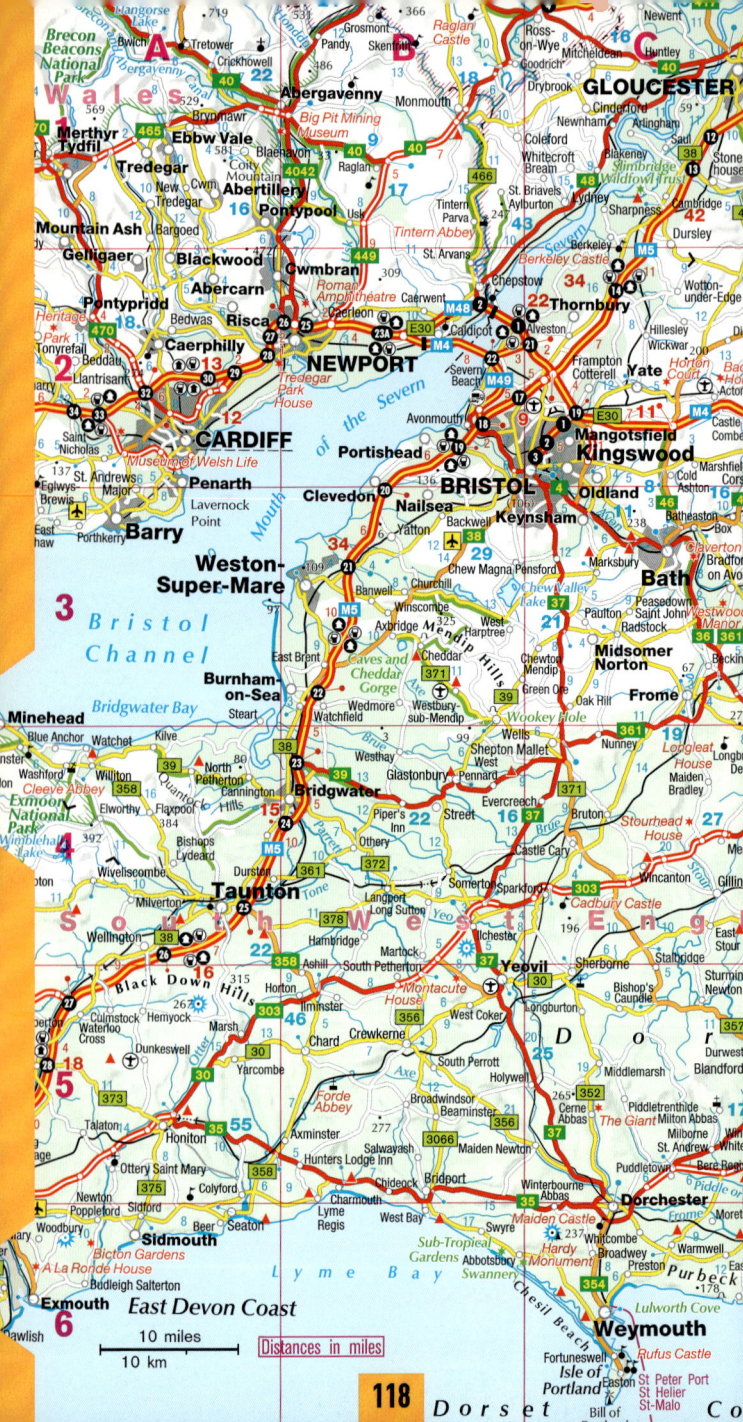

KARTENLEGENDE

18 26	Autobahn mit Anschlussstellen / Motorway with junctions
	Autobahn in Bau / Motorway under construction
I	Mautstelle / Toll station
O	Raststätte mit Übernachtung / Roadside restaurant and hotel
	Raststätte / Roadside restaurant
	Tankstelle / Filling-station
	Autobahnähnliche Schnellstraße mit Anschlussstelle / Dual carriage-way with motorway characteristics with junction
	Fernverkehrsstraße / Trunk road
	Durchgangsstraße / Thoroughfare
	Wichtige Hauptstraße / Important main road
	Hauptstraße / Main road
	Nebenstraße / Secondary road
	Eisenbahn / Railway
	Autozug-Terminal / Car-loading terminal
	Zahnradbahn / Mountain railway
	Kabinenschwebebahn / Aerial cableway
	Eisenbahnfähre / Railway ferry
	Autofähre / Car ferry
	Schifffahrtslinie / Shipping route
	Landschaftlich besonders schöne Strecke / Route with beautiful scenery
Alleenstr.	Touristenstraße / Tourist route
XI-V	Wintersperre / Closure in winter
××××	Straße für Kfz gesperrt / Road closed to motor traffic
8%	Bedeutende Steigungen / Important gradients
	Für Wohnwagen nicht empfehlenswert / Not recommended for caravans
	Für Wohnwagen gesperrt / Closed for caravans

* *Wartenstein* * *Umbalfälle*	Sehenswert: Kultur - Natur / Of interest: culture - nature
	Badestrand / Bathing beach
✸	Besonders schöner Ausblick / Important panoramic view
	Ausflüge & Touren / Excursions & tours
	Nationalpark, Naturpark / National park, nature park
	Sperrgebiet / Prohibited area
	Kirche / Church
	Kloster / Monastery
	Schloss, Burg / Palace, castle
	Moschee / Mosque
	Ruinen / Ruins
	Leuchtturm / Lighthouse
	Turm / Tower
∩	Höhle / Cave
∴	Ausgrabungsstätte / Archaeological excavation
▲	Jugendherberge / Youth hostel
▲	Allein stehendes Hotel / Isolated hotel
⌂	Berghütte / Refuge
▲	Campingplatz / Camping site
✈	Flughafen / Airport
✈	Regionalflughafen / Regional airport
✈	Flugplatz / Airfield
	Staatsgrenze / National boundary
	Verwaltungsgrenze / Administrative boundary
⊖	Grenzkontrollstelle / Check-point
⊖	Grenzkontrollstelle mit Beschränkung / Check-point with restrictions
PARIS	Hauptstadt / Capital
MARSEILLE	Verwaltungssitz / Seat of the administration

Badespaß in Plymouth

In diesem Register sind alle in diesem Führer erwähnten Orte und Ausflugsziele sowie wichtige Sachbegriffe und Personen verzeichnet. Halbfette Seitenzahlen verweisen auf den Haupteintrag, kursive auf ein Foto.

Abbotsbury 57
Artus 10, **16**, 58, 71, 80, 82
Arundel 23, **50**
Ascot 23, 98
Ashdown Forest 15
Austen, Jane 11, **18**f., 46, 54, 61
Batemans (Landsitz) 93
Bath 11, 14, 22, 29, 44, **60ff.**, 72, 127, 128
Battle 38
Baustile 17
Beachy Head *30/31*, 35
Beaulieu 49, 102
Bembridge 52
Berry Pomeroy 75
Bigbury-on-Sea 14, 69
Brighstone *8/9*
Bodiam Castle 38, **41**
Bodinnick 91
Bodmin Moor 40, 54, 76, 82
Bonchurch 52
Boscastle 81
Boscawen Un 82
Boscombe 47
Bournemouth 7, 21, **46ff.**, 58, 128
Bradford-on-Avon 64
Brane 84
Bray 44f.
Bridport 128
Brighton 7, 12, 13, 14, 21, 22, 23, 28, 29, **31ff.**, 38, 44, 94, 95, *100/101*, 101, 127
Bristol 15, 23, 29, 44, **64ff.**, 84, 127
Brixham 27, 69, 72
Broadstairs 38
Buckland-in-the-Moor 70
Buckler's Hard 49
Bude 10, 99
Burgh (Insel) 14, 69
Cadgwith 79
Camber Sands 39
Camel River 82, 98
Canterbury 7, **36ff.**
Carisbrooke Castle 51
Carré, John le 11, 19
Carroll, Lewis 45
Charleston Farmhouse 34f.
Chartwell 30, 38, **40f.**
Chatham 19
Cheddar **17f.**, *28*, 103
Cheddar Gorge 71
Chichester **49f.**, 128
Christie, Agatha 11, 14, **69**, 73
Clovelly **67**, 128
Cockington 73
Corfe Castle 57
Cornic 18
Cotehele House 70
Crantock 80f.
Croyde 68, 72
Dartmoor 40, **70**, *71*, 99
Dartmouth 69, **74**, *74/75*
Dawlish 60
Deal 38, 40
Derby **18**, 23
Dickens, Charles **18**f., 53
Dinosaur Isle 102

Doddiscombsleigh 75
Dorchester 19, **57**
Dorking 9
Dover **37**, 40, 104, 127
Doyle, Arthur Conan 11
Dozmary Pool 82
Drake, Sir Francis 68, 70
Dungeness 99
Eastbourne *11*, *16/17*, 21, 31, *34/35*, **35**, 40, 99
Eastleigh 102
Eden Project 78, **88**
Epsom 18, 22, **23**
Exbury Gardens 49
Exeter 55, **74f.**, 102
Exmoor 40, *60/61*, **66**, **67**, 99
Exmouth 13
Falmouth **78ff.**, 89, 103
Fishbourne Roman Palace 50
Fowey **91f.**, *93*
Geevor Tin Mine 78, **83**
Glastonbury 16, 23, **71f.**
Glendurgan Garden 78
Glyndebourne 22
Godney 60
Golding, William 19
Goodwood 22, 23, 98
Goodwood House 50f.
Great Dixter 92f.
Greenway House 69
Guildford 45
Gweek 103
Ham 9
Hampton Court 19
Hardy, Thomas **18**f., 46, 57, 81
Hartland Point 99
Hastings 10, **37f.**
Helston 79
Helston River 79
Henley-on-Thames 22, 23, **45**
Herstmonceux Castle 35f.
Hever Castle 19, *42*, *43*
Holnicote Estate 67
Ightham Mote 38, **42**
Ilfracombe **68**, 72
Kempton 28
Kingswear 72, 74
Kirtlington 15
Knole Palace 10, 38, **42**
Kricket 20
Kynance Cove 79
Lamorna 82, 85
Land's End 82, 83, **84f.**
Lanhydrock House 88f.
Lee 68
Leeds Castle *6/7*, 23, **38**, 102
Lelant 98
Lewes 35, **36**, 101, 128
Lizard 79
Lizard Point *1*, *78*, **79**, 89
London 9, 13, 19, 23, 31, 33, 40, 64, 98, 102, 104, 105, 106, 107, 128
Longleat House 19, **64**
Lost Gardens of Heligan 89
Lundy (Insel) 68
Lyme Regis 58, 127, 128
Lymington **48f.**, 53
Lyndhurst 49
Lynmouth 66ff.

Lynton 66ff.
Maidencombe 73
Marazion 85
Margate 38
Maurier, Daphne du 11, 54, **90ff.**
Mawnan Smith 78
Meare 60
Merry Maidens **82**, 85
Men an Tol 82
Minack Theatre 22, 84
Minehead 22
Mount Edgcumbe (Landsitz) 15, 72
Mousehole 18, **85**, 128
National Trust **20**, 38, 85, 109
New Forest *48*, **49**, 102
Newhaven 99, 105
Newquay 7, 13, 23, **80f.**, 84, *96/97*, 98, 103, 105
Northiam *19*, 92
Old Sarum 55
Osborne House 51f.
Ottery St. Mary 23
Padstow 15, 22, **81**, 98
Paignton 72ff.
Penryn 91
Penwith 76
Penzance 22, **82ff.**, 86
Petworth House 10, **51**
Pilcher, Rosamunde 11, 89
Plymouth 44, **68ff.**
Polesden Lacey 45
Polperro **89**, 128
Polruan 91f.
Poole 46, 49, 58
Porthcurno 22, **84**
Portscatho 89
Portsmouth 18, 19, 46, *46/47*, **53ff.**, 99, 105, 127
Pub 21
Purbeck, Isle of (Halbinsel Swanage) 46, 48, **58**, 128
Ramsgate **38**, 104
Rattery 14
River Camel 82
Rochester 19, 22
Roseland 89
Rotherwick/Hook 15
Rye **38f.**, 92, 128
St. Austell 88
St. Buryan 82
St. Erth 86
St. Ives 14, *76/77*, 82, **85ff.**, 128
St. Juliot 81
St. Just 78, 82, 83, 98
St.-Martin-in-Meneage 79
St. Mawes 78, 87, **89**
St. Michael's Mount 10, **85**
Salcombe 70
Salisbury 54, **55f.**, 58
Sandwich **39f.**, 98
Saunton Sands 68, 72
Scilly-Inseln 8, 82, **83f.**, 127
Scotney Castle 93
Selworthy 67
Shaftesbury 56
Sheffield Park 101
Singleton 50

IMPRESSUM

Sissinghurst Castle 30, 38, **42**, *90/91*, **92f.**
Southampton 12, 19, 46, **54f.**, 97
Southend 12
Stonehenge 22, 23, 44, **56**, *57*, 128
Swanage-Halbinsel (Isle of Purbeck) 46, 48, **58**, 128
Taunton 14, **70ff.**
Tavistock 70
Tenterden 42
Tintagel 16, **81**, 82
Topsham 60

Torpoint 15
Torquay 13, 60, 69, **72ff.**, 107
Totnes 75
Trebah Garden 78
Trelissick Gardens 89
Truro 12, **87ff.**
Tunbridge Wells 19, **40ff.**, 54
Upper Bockhampton 19, 57
Ventnor 52, 53
Veryan 89
Watergate Bay 15, 80
Weald 42
Wells 14, **72**, *73*, 103
Weymouth 46, **56ff.**, 107

Whitstable 40
Widecombe-in-the-Moor 70, *71*
Wight, Isle of 12, 22, 23, 46, 48, **51ff.**, 98, *99*, 102, *114/115*, Dutton
Winchester 16, 23, 40, **58f.**, 99, 102
Windsor 9, 31, **42ff.**
Winsford 67
Woolacombe 60, 68
Woolf, Virginia 11, 34f.
Wookey Hole 102f.
Wootton 52
Worthing 31

SCHREIBEN SIE UNS!

Liebe Leserin, lieber Leser,

wir setzen alles daran, Ihnen möglichst aktuelle Informationen mit auf die Reise zu geben. Dennoch schleichen sich manchmal Fehler ein – trotz gründlicher Recherche unserer Autoren/innen. Sie haben sicherlich Verständnis, dass der Verlag dafür keine Haftung übernehmen kann.

Wir freuen uns aber, wenn Sie uns schreiben.

Senden Sie Ihre Post an die MARCO POLO Redaktion, MAIRDUMONT, Postfach 31 51, 73751 Ostfildern, info@marcopolo.de

IMPRESSUM

Titelbild: Lizard Peninsula, Leuchtturm (Getty Images/Digital Vision: P. Adams)
Fotos: Blood Red Shoes (12 u.); choccywoccydoodah (95 M.r.); Glenda Clarke: Bill Jones (94 u.r.); Earthship Brighton: Mischa Hewitt (14 o.); Elite Hotels Ltd. (15 M.); Essential Adventure: West (13 u.); Feldhoff & Martin (U.l., 3 M., 71, 78); Fifteen Cornwall: Ben Rowe (15 u.); © fotolia.com: Kasia Biel (15 o.), Brett Mulcahy (94 M.l.); R. Freyer (41., 64); Getty Images/Digital Vision: P. Adams (1); HB Verlag: Leue (U.M., U.r., 2l., 3l., 3 r., 5, 11, 19, 21, 22/23, 23, 27, 28, 32, 34/35, 36, 39, 46/47, 48, 52, 57, 59, 60/61, 62, 67, 68, 84, 88, 96/97, 99, 103, 123); Huber: Da Ros (74/75), Dutton (100/101), Leimer (76/77); © iStockphoto.com: Dan Barnes (95 o.l.); M. Kirchgessner (29, 41, 114/115); T. Kliem (16/17, 24/25, 28/29, 30/31, 65, 83); KOBA (95 u.r.); Komedia Brighton: Matthew Andrews (95 M.l.); Laif: Gollhardt & Wieland (4 r., 26), Gonzalez (87, 93), Kirchgessner (43); Look: Pompe (6/7, 81); Mauritius: Sporting Pictures (22), World P. (45); Phil Moss (12 o.); Sejuice: Sarah (94 o.l.); Simultane Ltd. (13 o.); J. Sykes (127); The Killing Game: Nicholas Cross (14 u.); TUC-TUC LIMITED: Dominic Ponniah (94 M.r.); E. Wrba (2 r., 8/9, 51, 55, 73, 90/91)

8., aktualisierte Auflage 2008
© MAIRDUMONT GmbH & Co. KG, Ostfildern
Verlegerin: Stephanie Mair-Huydts; Chefredaktion: Michaela Lienemann, Marion Zorn;
Autor: Reto Morgenthaler; Bearbeitung: John Sykes; Redaktion: Christina Sothmann;
Programmbetreuung: Cornelia Bernhart, Jens Bey; Bildredaktion: Barbara Schmid, Gabriele Forst, Roger M. Gill
Szene/24h: wunder media, München
Kartografie Reiseatlas: © MAIRDUMONT, Ostfildern
Innengestaltung: Zum goldenen Hirschen, Hamburg; Titel/S. 1–3: Factor Product, München
Sprachführer: in Zusammenarbeit mit Ernst Klett Sprachen GmbH, Stuttgart, Redaktion PONS Wörterbücher

FÜR IHRE NÄCHSTE REISE

gibt es folgende MARCO POLO Titel:

DEUTSCHLAND

Allgäu
Amrum/Föhr
Bayerischer Wald
Berlin
Bodensee
Chiemgau/Berchtes-
  gadener Land
Dresden/Sächsische
  Schweiz
Düsseldorf
Eifel
Erzgebirge/Vogtland
Franken
Frankfurt
Hamburg
Harz
Heidelberg
Köln
Lausitz/Spreewald/
  Zittauer Gebirge
Leipzig
Lüneburger Heide/
  Wendland
Mark Brandenburg
Mecklenburgische
  Seenplatte
Mosel
München
Nordseeküste
  Schleswig-
  Holstein
Oberbayern
Ostfriesische Inseln
Ostfriesland/
  Nordseeküste
  Niedersachsen/
  Helgoland
Ostseeküste
  Mecklenburg-
  Vorpommern
Ostseeküste
  Schleswig-
  Holstein
Pfalz
Potsdam
Rheingau/
  Wiesbaden
Rügen/Hiddensee/
  Stralsund
Ruhrgebiet
Schwäbische Alb
Schwarzwald
Stuttgart
Sylt
Thüringen
Usedom
Weimar

ÖSTERREICH | SCHWEIZ

Berner Oberland/
  Bern
Kärnten
Österreich
Salzburger Land
Schweiz
Tessin
Tirol
Wien
Zürich

FRANKREICH

Bretagne
Burgund
Côte d'Azur/
  Monaco
Elsass
Frankreich
Französische
  Atlantikküste
Korsika
Languedoc-
  Roussillon
Loire-Tal
Normandie
Paris
Provence

ITALIEN | MALTA

Apulien
Capri
Dolomiten
Elba/Toskanischer
  Archipel
Emilia-Romagna
Florenz
Gardasee
Golf von Neapel
Ischia
Italien
Italienische Adria
Italien Nord
Italien Süd
Kalabrien
Ligurien/
  Cinque Terre
Mailand/Lombardei
Malta/Gozo
Oberital. Seen
Piemont/Turin
Rom
Sardinien
Sizilien/
  Liparische Inseln
Südtirol
Toskana
Umbrien
Venedig
Venetien/Friaul

SPANIEN | PORTUGAL

Algarve
Andalusien
Barcelona
Baskenland/Bilbao
Costa Blanca
Costa Brava
Costa del Sol/
  Granada
Fuerteventura
Gran Canaria
Ibiza/Formentera
Jakobsweg/Spanien
La Gomera/El Hierro
Lanzarote
La Palma
Lissabon
Madeira
Madrid
Mallorca
Menorca
Portugal
Spanien
Teneriffa

NORDEUROPA

Bornholm
Dänemark
Finnland
Island
Kopenhagen
Norwegen
Schweden
Südschweden/
  Stockholm

WESTEUROPA | BENELUX

Amsterdam
Brüssel
Dublin
England
Flandern
Irland
Kanalinseln
London
Luxemburg
Niederlande
Niederländische
  Küste
Schottland
Südengland

OSTEUROPA

Baltikum
Budapest
Estland
Kaliningrader
  Gebiet
Lettland
Litauen/Kurische
  Nehrung
Masurische Seen
Moskau
Plattensee
Polen
Polnische Ostsee-
  küste/Danzig
Prag
Riesengebirge
Russland
Slowakei
St. Petersburg
Tschechien
Ungarn
Warschau

SÜDOSTEUROPA

Bulgarien
Bulgarische
  Schwarzmeerküste
Kroatische Küste/
  Dalmatien
Kroatische Küste/
  Istrien/Kvarner
Montenegro
Rumänien
Slowenien

GRIECHENLAND | TÜRKEI | ZYPERN

Athen
Chalkidiki
Griechenland
  Festland
Griechische
  Inseln/Ägäis
Istanbul
Korfu
Kos
Kreta
Peloponnes
Rhodos
Samos
Santorin
Türkei
Türkische Südküste
Türkische Westküste
Zakinthos
Zypern

NORDAMERIKA

Alaska
Chicago und
  die Großen Seen
Florida
Hawaii
Kalifornien
Kanada
Kanada Ost
Kanada West
Las Vegas
Los Angeles
New York
San Francisco
USA
USA Neuengland/
  Long Island
USA Ost
USA Südstaaten/
  New Orleans
USA Südwest
USA West
Washington D.C.

MITTEL- UND SÜDAMERIKA

Argentinien
Brasilien
Chile
Costa Rica
Dominikanische
  Republik

Jamaika
Karibik/
  Große Antillen
Karibik/
  Kleine Antillen
Kuba
Mexiko
Peru/Bolivien
Venezuela
Yucatán

AFRIKA | VORDERER ORIENT

Ägypten
Djerba/
  Südtunesien
Dubai/Vereinigte
  Arabische Emirate
Israel
Jerusalem
Jordanien
Kapstadt/
  Wine Lands/
  Garden Route
Kenia
Marokko
Namibia
Qatar/Bahrain/
  Kuwait
Rotes Meer/Sinai
Südafrika
Tunesien

ASIEN

Bali/Lombok
Bangkok
China
Hongkong/
  Macau
Indien
Japan
Ko Samui/
  Ko Phangan
Malaysia
Nepal
Peking
Philippinen
Phuket
Rajasthan
Shanghai
Singapur
Sri Lanka
Thailand
Tokio
Vietnam

INDISCHER OZEAN | PAZIFIK

Australien
Malediven
Mauritius
Neuseeland
Seychellen
Südsee